Volker Saupe

Richtig mieten auf Mallorca von A-Z

Ratgeber für Langzeitmieter in Spanien

2009

Books on Demand GmbH, Norderstedt

Alle Angaben und Ratschläge in diesem Buch wurden vom Autor sorgfältig recherchiert und in bester Absicht veröffentlicht. Keine Haftung kann für Personen-, Sach- und Vermögensschäden übernommen werden, die dem Leser durch möglicherweise nicht mehr aktuelle, falsche oder fehlerhafte Informationen entstehen können. Es kann keine Gewähr für die Richtigkeit geleistet werden, weil Informationen permanenten Veränderungen ausgesetzt sind. Lassen Sie sich im Zweifelsfall immer von einem qualifizierten Rechtsanwalt beraten.

Herstellung und Verlag: Books on Demand GmbH, Norderstedt
Printed in Germany

ISBN 978-3-8391-0154-4, PB. 204

Inhalt

C

D

E

F

S

U

V

W

Z

Vorwort

Warum ein Buch über "Richtig mieten auf Mallorca"? Jeder normale Mensch weiß, wie man eine Wohnung oder ein Haus mietet. Was bedeutet *Langzeitmiete* auf Mallorca? Es ist doch jedem klar, dass man nicht nach zwei Monaten bereits wieder auszieht. Was soll anders sein auf Mallorca? Hinfliegen, besichtigen, einen Mietvertrag unterschreiben, einziehen, Miete zahlen. Das sollte jeder auf die Reihe bekommen. Warum also dieses Buch? Die Antwort lautet, weil auf Mallorca alles ein wenig anders ist. Spain is different, sagt der Engländer und denkt insgeheim, Gott sei dank.

Nach *spanischem Mietrecht* müssen zwei Bereiche streng unterschieden werden. Im ersten Bereich geht es um die *Langzeitvermietung* von Wohnraum, der das permanente Wohnbedürfnis des *Mieters* langfristig erfüllt. Im zweiten Bereich spricht der Gesetzgeber von *Mietverhältnissen*, die sich auf Räume beziehen, deren Funktion sich von langfristig genutzten Wohnräumen unterscheiden. Dieser zweite Bereich wird im *Mietgesetz* als *gewerbliche Vermietung* beschrieben. Das Besondere und Gewöhnungsbedürftige daran ist, dass auch die kurzfristigen *Saisonmietverträge* als *Gewerbevermietung* betrachtet werden.

Wir haben uns entschlossen, den gesamten Themenkomplex der gewerblichen Vermietung aus diesem Buch auszuklammern, weil die geringe Nachfrage nach Gewerbeobjekten aus dem Ausland eine ausführliche Beschreibung zu dieser Zeit an dieser Stelle nicht rechtfertigt.

Das vorliegende Buch befasst sich ausschließlich mit dem komplexen Thema der *Langzeitvermietung* von Wohnraum auf Mallorca. Genauer gesagt, will es ausländischen Mietinteressenten behilflich sein, ein geeignetes *Langzeitmietobjekt* für Wohnzwecke zu finden. Dafür müssen Dauermieter die besondere Langzeitvermietungssituation auf Mallorca begreifen, um sie besser einschätzen zu können. Das Ziel ist schließlich der Abschluss eines gesetzlich abgesicherten *Langzeitmietvertrages* mit einem seriösen Vermieter. Dieses Buch wird Ihnen den Weg bis zu diesem Ziel mit Laternen vollstellen, damit Sie nicht vom Weg abkommen.

Die *Langzeitmiete* erfreut sich neuerdings nicht nur in ganz Spanien, sondern auch auf Mallorca reger Nachfrage. Das war nicht immer so. Spanien war nie eine typische Mieternation wie beispielsweise Deutschland. Spanier bevorzugen den Kauf der eigenen vier Wände bereits in jungen Jahren und zahlen lieber 30 Jahre lang Hypothekenzinsen und Tilgung an ihre Bank. Das Mieten von Wohnraum war bis vor kurzem in Spanien den wirtschaftlich Schwächeren überlassen. Diese Situation wird im *spanischen Mietgesetz* deutlich reflektiert. In einigen wichtigen Passagen ist dieses Gesetz aus deutscher Sicht antiliberal, weil es nur unter wenigen bestimmten Voraussetzungen freiwillige Vereinbarungen zulässt, die das *Mietrecht* umgehen.

Viele Immobilieninteressenten aus dem Ausland entscheiden sich immer öfter bewusst dazu, erst eine Liegenschaft zu mieten, bevor sie ihr Traumhaus oder Ihre Traumwohnung kaufen oder gar selber bauen. Dieser Interessentenkreis will zunächst einmal eine Liegenschaft sozusagen auf Mallorca ausprobieren, um den Verkaufsmarkt für Immobilien mit seinen Preisbewegungen und verschiedenen Möglichkeiten des Immobilienerwerbs in Ruhe und mit Sorgfalt besser kennen zu lernen. Die Vorteile dieser Vorgehensweise liegen auf der Hand. Erst mieten kann vor einem Fehlkauf schützen, denn Kaufimmobilien oder Baugrundstücke können während der Mietphase in Ruhe nach Lage, Qualität und Alltagstauglichkeit sicherer beurteilt und schließlich ausgesucht werden. Jedoch nicht jeder, der auf Mallorca mieten möchte hat hinterher Kaufabsichten. Auch Aussteiger, Auswanderer, Rentner und Pensionäre sowie Leute, die sich einfach einen Zweitwohnsitz leisten können, haben Mallorca als *Mietmarkt* entdeckt.

Eine steigende Nachfrage nach *Mietobjekten* von Ausländern trifft heute auf ein ebenfalls steigendes Angebot. Die Zeiten haben sich geändert. Eigentümer kommen in Spanien durch eine veränderte wirtschaftliche Situation zum Teil in die Zwickmühle und werden zunehmend zu unfreiwilligen Vermietern. Mit der weltweiten Immobilienkrise, die inzwischen auch das verwöhnte Mallorca erreicht hat, schossen zwar in den letzten Jahren wie durch Zauberhand die Mietobjekte wie Pilze aus dem Boden, leider aber immer noch mehr qualitativ schlechte als gute. Das mittlerweilen große Angebot verleitet ausländische Mietinteressenten zu der Annahme, dass Mallorca mit Mietobjekten hoffnungslos überschwemmt ist, aber diese Wahrnehmung entspricht nur bedingt der Realität. Sie ist mehr ein Mix aus Wunschdenken und falschen Überzeugungen aus der Vergangenheit. Aus der Perspektive eines Mieters mit einem sehr niedrigen Anspruchsniveau trifft diese Beobachtung allerdings zu.
Die Mehrzahl der ausländischen Interessenten hat eines gemeinsam: sie suchen ein Mietobjekt, das sich qualitativ mit dem vergleichen lässt, was man im Heimatland aufgibt. Und genau an diesem Punkt erfahren die meisten, dass diese gesuchte Qualität auf Mallorca preislich wesentlich höher liegen kann, als vergleichbare Mietobjekte beispielsweise in Deutschland. Ausserdem stellen sie schnell fest, dass *qualitativ hochwertige Mietobjekte* immer noch die Ausnahme und nicht die Regel sind.
Es ist heute keine Seltenheit, wenn sich ausländische Mieter mit hohem Anspruchsniveau zwanzig und mehr Wohnungen anschauen und danach enttäuscht feststellen, dass die gesuchte Qualität leider nicht dabei war, und wenn sie dabei war, nur zu *Mietpreisen*, die nicht jeder akzeptieren konnte.

Im Vergleich zu den nord- und mitteleuropäischen Mietmärkten erscheint der mallorquinische Mietmarkt für den Newcomer auf den ersten Blick und manchmal auch auf den zweiten, sehr unübersichtlich. Mietforderungen und Qualität der Mietobjekte stehen oft in keinem begreifbaren Verhältnis zueinander und *Quadratmeterpreise* für *Nettowohnflächen* werden selten zuverlässig angegeben. Mietobjekte lassen sich deshalb selten vergleichen. Der Grund für die scheinbare Unübersichtlichkeit liegt einerseits darin, dass statt der *Nettowohnfläche* regelmäßig die *Konstruktionsfläche* angegeben wird. Andererseits unterscheiden sich Mietobjekte in der großen Vielfalt der Ausstattung und in Bezug auf ihre Lage. Es ist nicht egal, wo Sie auf Mallorca mieten. Der Standort eines Mietobjektes ist ein entscheidendes Kriterium für die Miethöhe. Meer-, Berg-, Weit- oder Panoramablick, Bauqualität und luxuriöse Ausstattung sind auf Mallorca ausschlaggebende Faktoren für die Bemessung der Mietforderungen. Nicht der Mietpreisspiegel, den es auf Mallorca gar nicht gibt, sondern der Markt regelt auf der größten *Baleareninsel* durch Angebot und Nachfrage das Mietpreisniveau. Wer Sonne will, muss für Sonne bezahlen, und für hochwertige Topobjekte in Spitzenlagen wurden auf Mallorca schon immer Topeuros bezahlt, egal ob sie jemand kaufen oder erst mieten wollte. Um herauszufinden, was Top oder was Flop ist, kann für unerfahrene Mietinteressenten zu einem abenteuerlichen Ausflug nach Mallorca ohne Ergebnis führen. Das vorliegende Buch soll ihnen helfen, den Suchvorgang abzukürzen, damit dieser nicht allzu anstrengend und zeitraubend wird.

Als wir begannen, das vorliegende Buch anzudenken, hatten wir nicht damit gerechnet, daß wir mit unserem Unternehmen Mallorca-Mietkult.com in ein Wespennest mit tausenden von mietwilligen Nord- und Mitteleuropäern stechen würden, die bis auf wenige Ausnahmen kaum wußten, wie sie ihren Traum vom Leben im Süden umsetzen sollten. Eigentlich war der Verkauf von

Immobilien auf Mallorca über Jahre unser Geschäft. Aber als die hereinbrechende Krise unseren Erfolg torpedierte, setzten wir kurzerhand auf die Alternative, und die hieß für uns: *mieten statt kaufen.* Wir stürzten uns in den neu aufkommenden Mietmarkt und wurden mit Anfragen bombardiert. Das Wissen der meisten Mietinteressenten war allerdings derart gering, daß wir fast vor der Flut von Fragen per email oder per Telefon erdrückt wurden. Der Arbeitsaufwand für die Bearbeitung entwickelte sich für uns innerhalb kurzer Zeit zu einer kostpieligen Angelegenheit, da jede Anfrage einen konkreten Bezug auf ein oder mehrere Mietobjekte nahm und zum Teil mit vielen Fragen versehen war. Uns wurde natürlich schnell klar, dass die Fragen sich regelmäßig in ähnlicher Form wiederholten und sich nicht immer nur auf das Objekt bezogen. Wir entwickelten daraufhin strukturierte Standard-Antwortschreiben. Aber Standardantworten waren auch nicht die Lösung, weil sie unsere Kunden zu noch mehr Fragen herausforderten. Niemand wollte so recht einsehen, warum auf Mallorca vieles anders sein sollte als zuhause und einige mußten gar gedacht haben, auf Mallorca gilt deutsches *Mietrecht*.

Eigentlich waren wir angetreten, um Mietobjekte zu vermitteln, aber es stellte sich schnell heraus, dass wir uns zu einem kostenlosen Beratungsunternehmen entwickeln würden, wenn wir nicht dagegensteuern.

Als erste Maßnahme verabschiedeten wir uns von dem Nachfragesegment für Wohnraum bis 600 € Monatsmiete. Die Logik, die uns zu diesem Schritt veranlaßte war einfach die, dass hier die geballte Nachfrage für diese Wohnungen von Mallorquinern, Festlandspaniern, Zuwanderern aus Südamerika und den Ostblockstaaten kam. Ein deutscher oder auch ein schweizer Mietinteressent hatte kaum eine Chance, aus der Ferne eines der schöneren Mietobjekte zu ergattern, die es zweifellos auch unter 600 € Monatsmiete gibt. Ein anderer

Aspekt war, dass die Insulaner für zum Teil sehr überteuerte Wohnungen in und um Palma, die noch nicht einmal das Minimum an Ausstattung hatten, Höchstmieten pro Quadratmeter verlangten, die unsere Kundschaft nie bezahlt hätte. Dieser Markt war für uns einfach zu schwierig, zu schnell und zu unübersichtlich, und er wurde außerdem von einer großen Anzahl von einheimischen Maklern und vielen privaten Anbietern bestens bedient. Da Spanisch nicht unsere Muttersprache war, machte es wenig Sinn, auf einem Markt mitzumischen, der durch eine gute spanische Kommunikation und eine Hochgeschwindigkeitsvermietung gekennzeichnet war.

Nachdem wir den Kopf frei und unsere Marschrichtung neu festgelegt hatten, stürzten wir uns auf das Segment ab 600 € Miete aufwärts. Wohlgemerkt, wir stürzten uns eigentlich auf mehrere Segmente, denn es war schon ein Unterschied, eine Villa für 10.000 € oder eine Wohnung für 800 € zu vermieten.
Das wichtigstes Merkmal der Segmente, die wir jetzt bedienen wollten war, dass unsere Kunden hauptsächlich neuwertige *Komfortwohnungen* und zunehmend große Häuser mit erstklassiger Ausstattung suchten. Erfreulich für uns war, dass die Mieter in den gehobenen Segmenten wesentlich mehr über die Insel Mallorca wußten, ihre Anfragen präziser für uns formulieren konnten und vor allem nach der Anmietung eines Objektes selbständig ohne unsere Hilfe auskamen. Ein anderes Merkmal der Segmente war, dass wir es nicht mit einer gleichartigen Kundschaft zu tun hatten, sondern mit vier großen Gruppen von potenziellen Mietern, die aus unterschiedlichen Gründen auf Mallorca Mietobjekte suchten. Die eine Gruppe betrachtete sich als *Auswanderer*, die alle Brücken zur Heimat abbrechen wollten, um auf Mallorca ein neues Leben zu beginnen. Sie kamen zum Teil mit schulpflichtigen Kindern und viele wollten auch auf Ihre geliebten *Haustiere* nicht verzichten. Die zweite Gruppe waren die Senioren, die schon aus

Altergründen besondere Anforderungen hatten als die anderen Gruppen. Die dritte Gruppe waren die unabhängigen Selbständigen, die ihre geschäftlichen Aktivitäten dank *Internet* von jedem Ort der Welt aus betreiben konnten und die vierte Gruppe konnte es sich ganz einfach leisten, auf Mallorca einen Zweitwohnsitz anzumieten. Aus all diesen Guppen geben viele vor, erst zu mieten und später zu kaufen. Das macht aus unserer Sicht durchaus Sinn. Allerdings streichen auch viele bereits nach einem Jahr wieder die Segel und flüchten zurück in die Zivilisation, weil Ihnen Mallorca doch zu nah an Afrika liegt, als sie vorher dachten.

Sich aus einem Segment aus wirtschaftlichen Erwägungen zu verabschieden war eine Sache, die andere war, dass die Anfrageflut aus diesem Segment dennoch nicht zu stoppen war und uns täglich immer noch bis zu 20 Anfragen per email erreichten, obwohl wir gar keine Objekte mehr in dieser Preisklasse auf unserer Internetseite hatten. Die Kunden aus dem Segment bis 600 € nahmen jetzt an, dass wir die große Anzahl an Objekten der unteren Preisklasse von unserer Seite heruntergenommen hatten, weil wir den Platz mit Mietobjekten aus den höheren Preisklassen werbeträchtiger belegen wollten. Sie vermuteten, wir hätten das gesamte heruntergenommene Programm quasi immer noch in der Schublade und ließen sich durch die Nichtsichtbarkeit ihrer Zielobjekte auf unseren Internetseiten nicht beeindrucken.

Mit dem Austausch der Mietobjekte aus dem niedrigen Preissegment gegen Objekte aus den höheren Preissegmenten auf unserer Internetseite, nahmen jetzt natürlich auch die Anfragen aus den von uns favorisierten Segmenten sprunghaft zu. Die Anfragen nahmen nicht nur zu, sondern auch Ihre Qualität, und die musste von uns dementsprechend qualifiziert beantwortet werden.

Jetzt war guter Rat teuer. Die Lösung war dieses Buch. Es ist für jene gedacht, die es knapp und einfach mögen. Da wir pragmatische Leute sind und die Fragen unserer Kundschaft im Laufe der Jahre sehr genau kennenlernen konnten, haben wir uns dazu entschlossen, ein Buch in Form eines Nachschlagewerkes mit Querverweisen zu gestalten. Die A bis Z Form bot sich an, den komplexen Sachverhalt der *Langzeitvermietung* auf Mallorca klar, unmißverständlich und abgegrenzt darzustellen. Unser Buch enthält für jeden en Mietinteressenten genau die Informationen, die er für eine erfolgreiche und langfristige Anmietung einer Wohnung oder eines Hauses auf Mallorca benötigt.
Aber wie das so ist mit der Erstausgabe eines Buches, freuen wir uns natürlich auch, wenn wir viele Anregungen, Verbesserungen und zusätzliche Informationen erhalten, damit die zweite Ausgabe noch informativer werden kann.

Wir wünschen Ihnen viel Spaß beim Lesen.

Anbieter von Mietobjekten – *siehe Vermittlungsagenten für Mietobjekte*

Viele Wege führen nach Mallorca. Was uns betrifft, wir lieben die Abkürzungen, insbesondere dann, wenn es ums Geld geht. Ein altes Sprichwort sagt, dass man im Leben immer bezahlen muss. Das kann früher oder später sein, aber grundsätzlich muss jeder immer irgendwann für jede empfangene Leistung bezahlen. Was hat das nun mit Anbietern von Mietobjekten auf Mallorca zu tun? Mietobjekte finden Sie auf Mallorca entweder kostenlos oder kostenpflichtig. Aber wie das in einem Land so ist, dessen Sprache man nicht spricht, kann das Billigste schnell zum Teuersten werden. Wer nichts weiss, muss alles glauben. Wer alles weiß, dem kann nicht viel passieren. Aber wer weiß schon alles über den mallorquinischen *Mietmarkt* und über das *spanische Mietrecht*.

Wenn Sie von privat mieten, kann das gut gegen. Genauso kann es nicht so gut gehen, wenn Sie die falsche *professionelle Hilfe* in Anspruch nehmen.
Mietobjekte werden auf Mallorca regelmäßig von folgenden Anbietern zur Verfügung gestellt:

- *Vermietungsagenturen*, die sich auf *Langzeitvermietungen* spezialisiert haben;
- Immobilienmakler, deren Geschäft eigentlich der Verkauf von Immobilien ist;
- Bauträger, die ihre eigenen Wohnungen und Häuser vermieten;
- private Vermieter, die sich ihre Mieter selber suchen;
- dubiose Vermittler, die sogenannten Küchentischagenten und Möchtegernvermittler, die hinterher nicht greifbar sind, wenn es brenzlig wird.

Private Vermieter bieten Ihre Mietobjekte in den Tages- und Wochenzeitungen an. Aber auch Küchentischmakler und Möchtegernvermittler tummeln sich als verdeckte Privatanbieter in diesen Medien. Seriöse Vermittler, die in Zeitungen *Mietangebote* schalten, kennzeichnen ihre Offerten mit einer erkennbaren Referenz. Schlimmstenfalls trifft ein unkundiger privater Vermieter auf einen ebenso unkundigen Mieter und die Katastrophe nimmt ihren Lauf. Abgesehen davon, dass das Suchen und Finden eines geeigneten Mietobjektes im Ausland über die Zeitung anhand von kurzen Objektbeschreibungen sehr zeitaufwendig sein kann, ist das Risiko sehr groß, dass Sie an einen privaten Vermieter geraten, der Ihnen einen spanischen, oder noch schlimmer einen deutschen Mietvertrag anbietet, der nicht mit dem *spanischen Mietgesetz* im Einklang steht. Wenn Sie Spanisch sprechen, sollten Sie sich auf jeden Fall vorher in das *spanische Mietrecht* einarbeiten, damit Sie wissen, was Sie unterschreiben dürfen und was nicht. Wenn Sie Zweifel haben, sollten Sie den Vertrag von einem Anwalt aufsetzen lassen. Wenn Ihr Vermieter das nicht will, dann waren Ihre Zweifel auf jeden Fall angebracht. Anwälte sind allerdings auf Mallorca nicht mit Aldi-Milch aufgewachsen. Ein *Mietvertrag* samt Übersetzung, von einem Anwalt entworfen, kostet richtig Geld, und zwar so viel, dass Sie ins Grübeln geraten und sich fragen, warum Sie das ganze überhaupt privat veranstaltet haben.

Vermietungsagenturen, Immobilienmakler und Bauträger bieten Mietobjekte zwar auch in Zeitungen an, sie haben aber gleichzeitig fast immer Internetseiten, auf denen Sie die Angebote vorher anhand von Bildern und Beschreibungen studieren können. Makler und Agenturen verlangen für ihre Vermittlung vom Mieter eine *Vermittlungsprovision*. Bauträger vermieten ihr eigenes Mietobjekt regelmäßig kostenlos an Sie und haben immer einen gesetzeskonformen *Standardmietvertrag* in der Schublade, den Sie nach vorheriger Prüfung mit geringem Risiko unterschreiben können.

Gute Vermittler und Makler fertigen Ihnen kostenlos oder für eine geringe Gebühr unter 100 € eine Übersetzung des Mietvertrages in Ihrer Landessprache an. Unseriöse Vermitttler erzählen Ihnen am Telefon, wie niedrig ihre *Vermittlungsprovision* ist und berechnen Ihnen dann die Übersetzung mit 500 € und mehr. Derartige Gangstermethoden kommen nicht nur bei den kleinen Vermittlern und Maklern vor, sondern auch bei den Großen der Branche. Da wir an dieser Stelle keine Namen nennen, müssen Sie schon selber herausfinden, wer derartige Spielchen mit seinen Kunden veranstaltet. Fragen Sie deshalb vor den Besichtigungen, welche Leistungen die *Vermittlungsprovision* enthält. Sollte Ihnen ein renomiertes Maklerbüro am Telefon sagen, dass das Vermittlungshonorar nur eine Monatsmiete beträgt, sollten bei Ihnen sofort die Alarmglocken läuten, denn mit allen verdeckten Nebenkosten zahlen Sie für die Vermittlung bei dieser Agentur mit Sicherheit am Ende mehr als zwei Monatsmieten.

Anmeldung bei der Gemeinde – *siehe Ausländerregister und Einwohnermeldeamt*

Anpassung der Miete an den Lebenshaltungskostenindex – *siehe Mieterhöhung*

Appartementanlagen – *siehe Santa Ponsa*

Ausländerregister und Einwohnermeldeamt

Laut EU–Vorschrift sind die Bürger der Mitgliedsstaaten verpflichtet, sich ins Ausländerregister der *Balearen* (Registro Central de Extranjeros) eintragen zu lassen, wenn sie sich länger als drei Monate auf Mallorca aufhalten. Dies betrifft auch Angehörige, d.h. Ehegatten, Lebensgefährten, Kinder und Eltern.
EU-Bürger, die noch nicht über eine spanische *Steueridentifikationsnummer für Ausländer* (*NIE-Nummer)* verfügen, müssen sich zunächst diese *NIE-Nummer* besorgen, bevor sie sich in das Ausländerregister eintragen lassen. Die *NIE-Nummer* ist grundsätzlich notwendig, um in Spanien zu arbeiten, Geschäfte zu tätigen, ein Konto zu eröffnen, die Krankenversicherungskarte zu beantragen oder ein Auto anzumelden. Diese *Steueridentifikationsnummer für Ausländer* wird zusammen mit dem Meldeschein für Ausländer, der die frühere Tarjeta de Residencia ersetzt, beantragt. Die Tarjeta de Residencia verliert mit Inkrafttreten der neuen Regelung endgültig ihre Funktion. Für EU-Bürger, die bereits über eine Tarjeta de Residencia verfügen, geschieht die Übertragung der Daten ins Ausländerregister automatisch.
Bei Vorlage des Bareinzahlungsbeleges, des ausgefüllten Antrages für die NIE-Anmeldung mit Kopie und Ihrem Reisepass oder Personalausweis mit Kopie bekommen Sie die *NIE-Nummer* im Ausländeramt sofort ausgehändigt.

Den Gang zur Registrierung im Ausländerbüro im Polígono de Levante müssen Sie persönlich machen. Vollmachten, insbesondere an *Gestorías* sind nicht möglich. Die Einschreibung in das Zentralregister muss innerhalb einer Frist von drei Monaten ab dem Einreisedatum beantragt werden. Über die Einschreibung wird eine Bescheinigung ausgestellt (Certificado de Registro). Wenn Sie sich nicht einschreiben, droht eine Geldstrafe, deren Höhe allerdings noch unklar ist (Sie erinnern sich: Spain is different).

Den unhandlichen grünen Ausländer-Meldeschein im A4-Format muss man zukünftig jedoch nicht ständig mit sich herumtragen, denn als Ausweisdokument gegenüber der Polizei reicht Ihr Reisepass oder Ihr Personalausweis.

Die Meldepflicht für Ausländer ersetzt nicht die Anmeldung beim Einwohnermeldeamt (Empadronamiento) in Ihrer Wohngemeinde. Sie sind auch verpflichtet, sich in der Gemeinde einzuschreiben, in der Sie sich die meiste Zeit des Jahres aufhalten.
Für die Ausstellung der spanischen Meldebescheinigung (Certificado de Empadronamiento) gehen Sie zum Bürgerbüro im Rathaus (Ayuntamiento) Ihrer Wohngemeinde und legen dort folgende Dokumente vor:

- Ihren Reisepass oder Personalausweis sowie eine Kopie,
- einen Nachweis über Grundeigentum oder
- eine Kopie eines gültigen *Mietvertrages* in spanischer Sprache,
- eine Rechnung des Stromversorgers
- oder den Nachweis über einen Telefonfestnetzanschluss.

Zusammen mit der Meldebescheinigung sollten Sie sich auch gleich die folgenden Bescheinigungen ausstellen lassen.

- Bescheinigung für ermäßigte Busfahrkarten für öffentliche Verkehrsmittel (Tarjeta ciudadana);
- Bescheinigung, mit der Sie als Resident Ermäßigungen für Flüge und Fährverbindungen zum spanischen Festland erhalten (Certificado de Viajes).

Die Meldebescheinigung beim Einwohnermeldeamt benötigen Sie beispielsweise für:

- die Anmeldung bei der Sozialversicherung,

- die Anmeldung Ihrer Kinder in der *Schule,*
- die Anmeldung eines Autos .

Bei der deutschen Auslandsvertretung (Botschaft/Konsulat) besteht in Spanien keine Meldepflicht. Es empfiehlt sich jedoch, den Wohnort im Reisepass bei der zuständigen deutsche Auslandsvertretung eintragen zu lassen. Dafür benötigen Sie:

- die Abmeldebescheinigung aus Deutschland,
- die Anmeldebescheinigung für Spanien (Certificado de Empadronamiento).

Auslandsüberweisung – *siehe Kaution*

Wenn Sie ein geeignetes Mietobjekt gefunden haben, müssen Sie bei Vertragsunterschrift die *Kaution* und die erste *Miete* in bar hinterlegen. Ausländische Mietinteressenten haben jedoch selten diese Barbeträge in der Tasche und übergeben dem Vermittler oder dem Vermieter bei Unterzeichnung des *Mietvertrages* zunächst eine Anzahlung für die *Reservierung des Mietobjektes* beispielsweise in Höhe einer Monatsmiete. Im Vertrag finden Sie in diesem Fall den Zusatz, dass der *Mietvertrag* nicht zustande kommt, wenn innerhalb einer bestimmten Frist, die Beträge nicht an den Vermieter per Banktransfer überwiesen werden. Lassen Sie sich von Ihrer Bank eine gut leserlichen *Überweisungsbeleg* aushändigen, aus dem für den Vermieter das Datum und der Betrag der Überweisung hervorgeht. Diesen Nachweis sollten Sie umgehend Ihrem zukünftigen Vermieter oder Ihrem Agenten per Fax oder email zusenden, damit auf der anderen Seite Klarheit darüber herrscht, dass Sie die Überweisung getätigt haben.

Bei einer Überweisung aus Ihrem europäischen Heimatland nach Spanien ist einiges zu beachten. inzwischen sollte jeder im vereinigten Europa wissen, was ein IBAN- und ein BIC-Code ist, denn diese beiden Kodierungen benötigen Sie bei Auslandsüberweisungen.

Die International Bank Account Number (IBAN) ist eine standardisierte Notation für Bankkontonummern. Innerhalb der Europäischen Union gehört die Verwendung der IBAN zu den Voraussetzungen für die Durchführung von EU-Überweisungen, die von den Banken zu gleichen Konditionen wie Überweisungen innerhalb eines Landes ausgeführt werden (EU Regulation 2560/2001).

Eine europäische IBAN kann maximal bis zu 34 Stellen umfassen. In Deutschland ist die IBAN 22 Stellen lang. Eine spanische IBAN hat dagegen immer exakt 24 Stellen und setzt sich aus dem Ländercode, dem Bankcode, dem Zweigstellencode, einem Kontrollcode und der Kontonummer zusammen. Sie wird vorzugsweise durch sechs Viererblöcke dargestellt, die leichter nachvollziehbar sind und Verwechselungen und Zahlendreher vermeiden sollen. Eine typische spanische IBAN der spanischen Bank La Caixa sieht wie folgt aus: ES46 2100 4379 6502 0003 0976.

Außerdem benötigen Sie bei Banküberweisungen aus dem europäischen Ausland zusätzlich den Bank Identifier Code (BIC). Die Bank La Caixa hat beispielsweise einen BIC-Code, der sich aus elf Buchstaben zusammensetzt: CAIXESBBXXX.

Lassen Sie sich beide Kodierung von Ihrem Vermieter geben und vergleichen Sie vor allem die lange IBAN, sonst laufen Sie Gefahr, dass bei Zahlendrehern Ihr Geld verzögert oder gar nicht ankommt. Achten Sie auch darauf, dass Sie bei der Überweisung genau den vollständigen Namen angeben, den Ihr Vermieter für sein Konto bei seiner Bank hinterlegt hat.

Natürlich wissen wir, dass diese Hinweise zur Beachtung von Auslandsüberweisungen mittlerweile für die meisten banal sind, aber nicht jeder ist mit diesem neuen System bereits vertraut.

Außergewöhnliche Mietobjekte – *siehe Schnäppchenmiete, Langzeitmietobjekte*

Außergewöhnliche Mietobjekte sind Wohnungen oder Häuser, die sich im Preisleistungsverhältnis deutlich von anderen Mietobjekten abheben. Wenn beispielsweise eine 200m² große südwestorientierte möblierte *Komfortwohnung* mit hochwertiger Ausstattung in *Santa Ponsa* direkt am Golfplatz für 1.500 € Monatsmiete angeboten wird, dann können Sie sich vorstellen, dass diese Wohnung nicht lange auf einen Mieter warten muss. Meist relativiert sich jedoch das Schnäppchen für viele Suchende schnell, wenn der Vermieter ein Mieter-Casting nach dem Motto „Mallorca sucht den Supermieter" veranstaltet. Die *Vermietungsagenturen* wissen natürlich, was dabei gespielt wird und bringen innerhalb kürzester Zeit genau die Interessenten zum Objekt, die sofort zuschlagen könnten. Zukünftige Mieter, die durch Preisdrückerei bereits unangenehm aufgefallen sind, oder die erst in zwei Monaten mieten wollen oder gar Bewerber, denen man einfach keine dauerhafte Zahlungsfähigkeit zutraut, werden erst gar nicht zum Objekt gebracht.

Was meinen Sie, wer beim Mieter-Casting, die besten Chancen hat? Richtig, der Interessent, der dem Vermieter die höchste Sicherheit bieten kann. Materiell gesehen stehen Sie wahrscheinlich ganz oben auf der Liste, wenn Sie die *Vorauszahlung der Jahresmiete* in voller Höhe anbieten, gefolgt von dem Bewerber der eine um 5 Prozent reduzierte Miete und die gleiche Jahresvorauszahlung bietet. Je mehr Sie die Miete drücken, desto weniger wiegt Ihr Vorauszahlungsangebot. Gedrückter Mietpreis mit normaler monatlicher Mietzahlung bringt Sie direkt ans Ende der Bewerberliste.

Aber die meisten Vermieter verstehen unter Sicherheit noch etwas anderes. Emotional betrachtet können Sie mit einem schlechteren materiellen Angebot durch Ihre Persönlichkeit einiges ausgleichen, was aber nur funktioniert, wenn Sie Ihren zukünftigen Vermieter persönlich kennen lernen. Viele Vermittler blocken diesen frühen Kontakt im Vorfeld ab, weil sie Angst haben, dass sie ihr Vermittlungshonorar damit aufs Spiel setzen. Vermieter wollen nämlich grundsätzlich einen problemlosen Mieter, der Ihr Mietobjekt sozusagen wie sie selber hegt und pflegt und der den Eindruck macht, dass er rundum zum Objekt passt. Da die emotionale Komponente viel mit Gaukelei zu tun hat, sind hier Ihre schauspielerischen Fähigkeiten bei der Überzeugungsarbeit sehr gefragt. Deshalb legen sie sich ins Zeug, was das Zeug hält und überzeugen Sie durch positive Zusatzbemerkungen wie beispielsweise: Können wir Ihre Putzfrau übernehmen? Könnte die Dame auch dreimal statt nur einmal die Woche kommen? Wir werden auf jeden Fall Ihren Pool- und Gartenservice übernehmen, usw. Wenn das nicht reicht, dann loben Sie alles, was zum Mietobjekt gehört, und übergehen Sie dabei nicht die Ehefrau des Vermieters, die so ein Kunstwerk durch eine perfekte Ausstattung geschaffen hat. Aber übertreiben sie nicht, Hochstapler kommen bei Vermietern mit Durchblick nicht gut an.

Da die meisten Interessenten ein Mieter-Casting nicht durchschauen und nie erfahren, was hier wirklich gespielt wird, haben demzufolge nur wenige Bewerber eine wirkliche Chance. Nach ein bis zwei Tagen ist der Drops gelutscht und der Sieger zieht ein. Danach hören wir regelmäßig von abergläubischen Bewerbern, dass der liebe Herrgott es mal wieder nicht gewollt hat und dass wahrscheinlich eine noch bessere Gelegenheit irgendwo auf sie wartet. Dazu lässt sich nur sagen: „wer nichts weiß, der muss alles glauben". Der liebe Gott ist in diesen Fällen ersatzweise fast immer der Vermieter und nur ganz selten eine außerirdische Instanz.

Jetzt stellt sich natürlich die Frage, wie kommt man als Interessent überhaupt an die Supermietangebote? Die Sache ist eigentlich ganz einfach. Wenn Sie beispielsweise für eine Woche nach

Mallorca kommen und jeden Tag mit einem anderen *Vermietungsagenten* Mietobjekte besichtigen, haben Sie überhaupt keine Chance. Bevor der erste Agent so richtig weiß, was Sie wirklich mieten möchten, sind Sie bereits beim nächsten, der genauso krampfhaft bei Ihnen die Goldader sucht. Sie brauchen deshalb nicht irgend einen oder mehrere Vermittler, sondern eigentlich nur einen guten Berater, mit dem Sie die ganze Zeit verbringen und der Sie nach Ihren Vorgaben an die richtigen Mietobjekte heranführt. Wenn Sie selber beruflich mit Verkauf oder im Beratungsgeschäft zu tun haben, wissen Sie, was wir meinen. Die einzige Kunst, die Sie dabei beherrschen müssen, ist die richtige Wahl eines Berater, dem Sie zutrauen, Ihnen das beste Mietobjekt zum günstigsten Preis zu beschaffen. Sie sollten demnach zunächst einmal nach einem qualifizierten *Vermittlungsagenten* Ausschau halten, der Ihnen dann Ihr Traumobjekt beschaffen kann. Die meisten gehen jedoch den umgekehrten Weg. Sie suchen in allen möglichen Quellen nach scheinbaren Superobjekten und rennen dann mit den vielen *Vermittlungsagenten* los, die diese Mietobjekte nach allen Regeln der Kunst angepriesen haben und die sich später oft als schlechter Scherz entpuppen oder bereits seit Jahren vermietet sind aber weiterhin als Lockvogel dienen. Auch hier gilt, wie oben bereits gesagt: Wer nichts weiß, muss alles glauben.

Auswandern nach Mallorca

Das Gefühl von Allem die Nase voll zu haben ist für viele Nord- und Mitteleuropäer ein guter Grund zum Auswandern nach Spanien. Wer es gleich richtig machen will, geht ohne Umwege direkt nach Mallorca, wo auch heute noch alles möglich scheint. Wer es preiswerter haben möchte, sollte sich ein Mietobjekt am spanischen Festland suchen. Wir empfehlen den Küstenstreifen um Marbella in Andalusien. Die Kanarischen Inseln sollten Sie sich aus den Kopf schlagen, die sind unterste Schublade.

Wenn Sie Mallorca gewählt haben: Willkommen im Paradies. Das Paradies mit dem poetischen Namen Islas *Baleares*, womit eigentlich die vier Unterparadiese Mallorca, Ibiza, Formentera und Menorca gemeint sind, hat viele Facetten. Für die einen ist es ein Steuerparadies, für die anderen das Sonnenparadies in der unmittelbaren Nähe ihres Heimatlandes. Egal welche Motive ihre Besucher haben, die Insel Mallorca bietet fast jedem die gewünschte Bandbreite. Auf Mallorca fehlt es an nichts.
In diesem Paradies treffen sich die Reichen und die Schönen, die Schickis und die Mickis, die Promis, der Geldadel und der drittklassige Adel, die Erben, die Pseudokreativen, die Spielautomatenbesitzer, die Autohändler, die Abenteurer und Freiheitssucher, die Steuersparer, die Kiffer, die Künstler, die Lebenskünstler, die Arbeitswilligen und Arbeitswütigen, die Chill-out-Szene und die Senioren, die Mafiosis und die Tagediebe, die Immobilienspekulanten und neuerdings auch die Mieter inklusive der Mietnomaden. Zugegeben, seit der Vereinigung Europas wird das Paradies vom Moloch der nördlichen Staatengemeinschaft leicht überschattet, was sich durch strengere Sitten im Eldorado Mallorca zunehmend bemerkbar macht. Dennoch, wüssten alle Zurückgebliebenen von diesem göttlichen Paradies im Mittelmeer, würde eine Massenflucht aus Nordeuropa einsetzen. Spaßvögel haben errechnet, dass Mallorca im Meer versinkt, sollte auch nur ein Bruchteil der mittel- und nordeuropäischen Träumer seinen Traum wahr machen, hier sesshaft zu werden.

Mallorca ist vor allem auch ein internationales Paradies auf hohem Niveau. Hier lernen Ihre Kinder mühelos zwei bis drei Fremdsprachen und einen ländlichen spanischen Dialekt, eine Art Geheimsprache, die von den Einheimischen stolz zur Landessprache erklärt worden ist, und die immer dann gesprochen wird, wenn Ausländer nicht verstehen sollen, um was es geht.

Mallorca ist aber nicht nur ein Paradies, sondern gleichzeitig auch ein Jungbrunnen. Allein durch Ihre Entscheidung, für immer auf dieser Sonneninsel zu bleiben, haben Sie mindestens 20 depressionsfreie Lebensjahre mit mehr Lebensfreude und Energie gewonnen, vorausgesetzt Sie bringen genügend Geld mit, um ein entspanntes Leben führen zu können.

Spanien mit Mallorca ist ein wunderbares freies Land, hier haben gut ausgebildete und mehrsprachige Arbeitskräfte mit der Neigung zur Selbständigkeit auch heute noch eine richtige Chance, ihr Können ohne die ständige Angst vor einem unersättlichen Finanzamt unter Beweis zu stellen.

Mallorca, dieses kleine Paradies, das im Sommer zur Hochform aufläuft, entwickelt sich zunehmend zu einem Endziel für alle die Abtrünnigen, die Ihr Heimatland als Wegelagererstaat empfinden, der von politischen Tagedieben stranguliert wird und seine Einwohner erst in den finanziellen und schließlich in den gesundheitlichen Wahnsinn treibt. Wer von Mallorca oder von Spanien aus das Treiben in Deutschland aus der Ferne betrachtet, kann nicht mehr begreifen, wie ein großes Volk wie die Deutschen sich so viel Menschenverachtung antun kann.

Aber auch auf Mallorca gibt es Licht und Schatten. Viele, die diese Insel ansteuern, wollen endlich die Chance ihres Lebens ergreifen und sich einen Traum im Süden erfüllen. Solange diese Entscheidung aus einer gut überlegten Situation heraus getroffen wird, ist nichts dagegen einzuwenden. Ein tüchtiger Einwanderer aus einem Land der Moloche kann auf Mallorca das richtig selbständig einsetzen, was er zuhause gelernt hat. Außerdem scheint das Leben billiger und angenehmer, und wer möchte nicht ein für

allemal aus der elenden Kälte entfliehen. Ihren Sorgen werden Sie jedoch nicht davonlaufen können. Auf jeden Fall dann nicht, wenn die Probleme Sie stärker belasten, als Sie sich das im Moment eingestehen wollen. Schätzen Sie unbedingt ab, ob die Probleme, die Sie derzeit belasten nicht vielleicht doch kleiner sind, und nur Ihre Perspektive Ihnen die Unlösbarkeit in Ihrem Heimatland vorgaukelt. Was Sie in Ihrer Heimat nicht bewältigen können, stellt sich Ihnen im Ausland mit noch mehr Macht entgegen. Ob Sie auf Mallorca Ihr Glück finden, halten wir für bedenklich, wenn die Flucht vor Ihren Problemen Ihr Ziel ist.
Wenn aber Mallorca schon immer Ihr Traum war, was hält Sie dann noch? Schätzen Sie Ihre Lage richtig ein und packen Sie. Aber seien Sie vorsichtig. Das Bewusstsein des durchschnittlichen Verstandesmenschen ist nicht entwickelt genug, um die volle Verantwortung für sich selber zu übernehmen. Auf Mallorca werden sie nicht irgendwie, von irgendjemanden aufgefangen, wenn sie fallen, so wie sie das aus Deutschland gewohnt sind. Wenn Sie wissen, was mit Wildwestkapitalismus gemeint ist, dann werden Sie sich hier so richtig wohl fühlen. Wenn nicht, dann laufen Sie Gefahr, den Daheimgebliebenen bald zu schreiben: „Jetzt sitze ich am Mittelmeer und habe keine Mittel mehr."
In diesem Zusammenhang wird auf Mallorca auch eine kleine ernstzunehmende Anekdote erzählt: Auf die Frage, wie man auf Mallorca in kürzester Zeit eine Million Euro macht, gibt es eine sichere Antwort: Man kommt mit zwei Millionen auf der Insel an.

Automatische Verlängerung des Mietvertrages

– siehe Mietdauer und Kündigung des Mietverhältnisses

Balearen – *siehe Multikulti auf Mallorca, Sprachen auf Mallorca, Katalanisierung, Strände*

Die Balearen (Islas Baleares) sind eine Inselgruppe im westlichen Mittelmeer und eine autonome Gemeinschaft Spaniens. Zu dieser autonomen Gemeinschaft gehören neben den eigentlichen Balearen mit den Hauptinseln Mallorca und Menorca auch die Pityusen mit Ibiza und Formentera. Ausser diesen vier Inseln und der fünften, mit Abstand kleinsten bewohnten Insel Cabrera, umfasst die autonome Gemeinschaft der Balearen 146 unbewohnte Inseln, zu denen auch die unter Naturschutz stehenden Felseninseln Dragonera und Pantaleu gehören.
Der Name der Inselgruppe leitet sich vom griechischen ballein/baliarides ab, womit die in der Antike gefürchteten Steinschleuderer "Els Foners Balears" der Inseln gemeint waren, die sich als Söldner auf den Kriegsschauplätzen der Antike verdingten.

Etwas mehr als zwei Prozent der spanischen Gesamtbevölkerung leben auf den Balearischen Inseln. Das entspricht ca 1.077.000 Einwohner. Davon leben circa 830.000 Einwohner auf Mallorca. Mit einer Bevölkerungsdichte von 206 Einwohner pro km^2 sind die Balearen für spanische Verhältnisse recht dicht besiedelt. Die Bevölkerungsdichte ist mehr als doppelt so hoch wie der Landesdurchschnitt (82,7 Einwohner pro km^2) und auch im Vergleich zur Europäischen Union (119 Einwohner pro km^2) beachtlich. Dazu kommen etwa zehn Millionen Touristen, die jährlich die Balearen besuchen. Der Großteil davon, rund neun Millionen, verbringen ihre Ferien auf Mallorca.

Laut der Bevölkerungserhebung aus dem Jahre 2008 waren 33.000 Deutsche mit Wohnsitz auf den Balearen offiziell gemeldet. Unter Berücksichtigung der saisonal bewohnten Zweitwohnungen geht man sogar davon aus, dass tatsächlich mehr als

60.000 Deutsche permanent oder relativ häufig auf den Balearen leben, rund 80 Prozent davon auf Mallorca.

Mallorca ist mit 3.620 Quadratkilometern die größte Insel der Balearen und liegt im westlichen Mittelmeer, 261 km von Valencia, 248 km von Barcelona und 315 km von Algier entfernt. Die größte Baleareninsel hat eine maximale Ost-West-Ausdehnung von 98 km und eine Nord-Süd-Ausdehnung von 78 km.

Das Klima auf Mallorca: Im Frühjahr blüht auf Mallorca die Landschaft. Schon Ende Januar beginnt die Mandelblüte in den Tälern. Wenn es im März Frühling wird, stehen auch die anderen Obstbäume in Blüte. Soweit das Auge blicken kann, sieht man eine einzige blühende Landschaft - ein unvergesslicher Anblick. Das Wetter wird allerdings erst im Mai allmählich sommerlich, sonst ist es meist recht wechselhaft mit einem Sonne-Wolken-Mix und gelegentlichen Regenschauern.

Die Sommer sind auf Mallorca sehr heiß und trocken. Während dieser Zeit kann man praktisch nur Strandurlaub machen. Das Wasser ist spätestens ab Juni und mindestens bis September mit über 25 Grad angenehm warm. Die Sonne scheint so gut wie jeden Tag. Regen kommt in den Sommermonaten äußerst selten vor, aber vor allem ab August gibt es manchmal teils kräftige Hitzegewitter. Ab Anfang Juni bis Mitte September ist auf Mallorca Hochsaison.

Der Herbst ist auf Mallorca nach den heißen Sommermonaten im September zunächst schwül und gewittrig. Erst ab Oktober ist das Herbstklima angenehm. Es wird dann schon etwas kühler, die Sonne scheint aber noch recht häufig und wird gelegentlich von kurzen Regenschauern unterbrochen. In der Sonne ist es vor allem über Mittag angenehm warm, im Schatten sowie morgens und abends ist es recht frisch. Kühler als 12°C ist es im Herbst allerdings nur selten.

Der Winter auf Mallorca ist recht mild, da das Gebirge wie ein Schutzschild vor den kühlen Winden aus dem Norden abschirmt. Die Temperaturen liegen tagsüber meist um 10 Grad Celsius, jedoch ist mit gelegentlichen Nachtfrösten zu rechnen. Zum Wandern oder Radfahren ist also auch der Winter warm genug, aber manchmal kann sogar an der Küste Schnee fallen, der jedoch kaum länger als ein paar Stunden liegen bleibt. Im Januar setzt auf Mallorca bereits zaghaft wieder die Mandelblüte ein. Januar und Februar sind auf Mallorca die kältesten Monate. Am 6. Januar 2009 sank das Thermometer beispielsweise in Leipzig auf minus 18 Grad. Auf Mallorca konnte man dagegen tagsüber bei bedeckten Himmel immerhin noch bei plus 12 Grad einen wunderschönen Tag geniessen.

Einwohner: Mallorca hat 813.729 Einwohner (Stand 2007), davon leben 385.048 in der Hauptstadt Palma. Die nächstgrößeren Gemeinden sind Calvià (45.284), Manacor (37.165), Llucmajor (31.381), Marratxi (29.742), Inca (27.301), Felanitx (16.948), Pollenca (16.398), Alcùdia (16.176) und Soller (12.847).

Amtssprachen sind auf Mallorca *Katalanisch* und Spanisch (Castellano). Der auf der Insel gesprochene katalanische Dialekt wird Mallorquì genannt. Seit 1983 ist Mallorquí gleichberechtigte Amtssprache und mittlerweile sogar erste Sprache vor Castellano. In den touristischen Zentren Mallorcas wird größtenteils auch Deutsch und Englisch gesprochen. Einige Gemeinden Mallorcas weisen mittlerweile auch einen hohen Anteil fremdsprachiger Einwohner auf.

Wirtschaft: Mit dem Ausbau der Fremdenverkehrswirtschaft ging eine starke Steigerung der Wirtschaftskraft Mallorcas einher. Der mit weitem Abstand größte Anteil an der Wertschöpfung entfällt mit rund 80 Prozent auf den Dienstleistungssektor. Über 70 Prozent der arbeitenden Bevölkerung ist im Dienstleistungsbereich beschäftigt.

Der Tourismus bildet das Rückgrat der balearischen wie auch der mallorquinischen Wirtschaft. 1960 besuchten rund 360.000 Besucher die Insel, 1970 waren es bereits mehr als 2 Millionen. Im Jahr 2007 kamen rund 9,91 Millionen Touristen, von denen etwa 35,8 Prozent (3,548 Millionen) Deutsche, 23,2 Prozent (2,3 Millionen) Briten und 21,6 Prozent (2,14 Millionen) Festlandspanier waren. Damit liegt Mallorca deutlich vor der zweitwichtigsten Touristenregion Spaniens, dem nördlichen Katalonien.

Mallorcas Flughafen Son San Juan fertigte im Jahre 2008 circa 23,8 Millionen Fluggäste ab. Die maximale Kapazität des Flughafens beträgt zur Zeit 25 Millionen Passagiere pro Jahr. Es können bis zu 18.000 Fluggäste pro Stunde beziehungsweise 400.000 pro Tag abgefertigt werden.

Insgesamt stehen den Feriengästen auf Mallorca 286.400 gemeldete Hotelbetten in 1.600 Hotelanlagen zur Verfügung (Stand: März 2006 nach Angaben des Hotelverbandes). Die Dunkelziffer der nicht gemeldeten Betten wird auf 100.000 geschätzt. Legt man 30 € pro Bett und Tag zu Grunde, sind das rund 3 Millionen Euros Schwarzeinahmen pro Tag, die die private *Ferienvermietung* an Feriengästen verdient (ca 700 Millionen Euros pro Jahr).

Die Mehrzahl der Mallorca-Besucher kommt aus Deutschland und Großbritannien. Geradezu zum Symbol für den deutschen Massentourismus, der jedoch weite Teile der Insel nicht berührt, ist die Playa de Palma und für den englischen die Zone um Palma Nova bis Magaluf geworden. Es gibt aber auch eine nicht geringe

Zahl von Individualtouristen, die Golf spielen, im Gebirge der Sierra de Tramuntana wandern oder auf Mallorca Rad fahren.

Von der Zunahme des Fremdenverkehrs auf Mallorca hat vor allem die Bauwirtschaft profitiert. Der Anteil der Baubranche an der Gesamtwertschöpfung lag im Jahr 2005 bei über 8 Prozent. Der Industriesektor Mallorcas ist überwiegend durch kleinere und mittlere Betriebe geprägt, die vor allem Bedarfsgegenstände wie Schuhe, Modeschmuck, Lederwaren und Textilien herstellen. Fast drei Viertel der Insel sind landwirtschaftliche Nutzflächen. Die Landwirtschaft stellt 11 Prozent der Arbeitsplätze der Insel, trägt aber nur 2,5 Prozent zum Bruttonationaleinkommen bei. Die Mallorquiner erwirtschaften mit 17.000 € eines der höchsten Pro-Kopf-Einkommen Spaniens verglichen mit 13.500 € im spanischen Durchschnitt.

Bankbürgschaft - *siehe Mietsicherheit, Banken und Sparkassen auf Mallorca*

Ausländische Mietinteressenten sind häufig überrascht, wenn Vermieter auf Mallorca nicht nur eine *Mietkaution*, sondern noch andere *Mietsicherheiten* vom Mieter verlangen. Als zusätzliche Garantie zur üblichen *Kaution* fordern manche Vermieter beispielsweise eine Bankbürgschaft (*aval bancario*). Hierbei handelt es sich um eine Bescheinigung, mit der sich eine *Bank* verpflichtet, die Mietschulden eines Mieters aus einem laufenden *Mietverhältnis* auszugleichen. Als Ausländer eine Bankbürgschaft im Sinne des aval bancarios in Spanien zu bekommen, kann eine zeitraubende, komplizierte und kostspielige Angelegenheit sein. Sofern Sie nicht eine sehr gute und langfristige Beziehung zu Ihrer spanischen Bank haben, und welcher ausländische Mieter hat die schon, wird Ihre Bank in diesem Fall die Hinterlegung der Bürgschaft verlangen. Da die meisten avals auf eine Jahresmiete aus-

gelegt sind, müssen Sie jetzt die gesamte Miete für zwölf Monate bei der Bank hinterlegen und hierfür auch noch eine monatliche Gebühr bezahlen.
Dieses Dilemma lässt sich auch mit einer Bürgschaft Ihrer Hausbank in Deutschland nicht so einfach lösen. Wenn Sie diesen Weg gehen, wird Ihnen auch die Zeit und somit das Mietobjekt davonlaufen, denn bei Vertragsunterschrift muss die Bürgschaft auf den Tisch. Kein Vermieter wird drei bis fünf Wochen auf das Dokument Ihrer Bank aus Deutschland warten, um dann festzustellen, dass die ganze Bescheinigung Ihrer Bank nicht auf Spanisch, sondern im feinsten Juristendeutsch abgefasst ist, das vielleicht sogar Sie nicht so recht verstehen und Ihr Vermieter ganz bestimmt nicht verstehen will. Wenn Sie jetzt noch die gesamte beglaubigte Übersetzungsarie dranhängen wollen, wird längst ein anderer Mieter aus der Wohnung oder dem Haus Ihrer Träume schauen, lange bevor Sie einen Übersetzer gefunden haben.

Banken und Sparkassen auf Mallorca

Die meisten Banken und Sparkassen auf Mallorca haben mehrere Filialen in den größeren Orten und oft auch eine Filiale in den kleinen Orten. Suchen Sie sich eine Bank oder Sparkasse in der Nähe Ihres Wohnsitzes. Hier ein paar Tipps im Umgang mit Banken und Sparkassen auf Mallorca, die Sie unbedingt beachten sollten:

- Schauen Sie sich die Warteschlangen am Schalter an. Lange Schlangen bedeuten nicht, dass dieses Kreditinstitut bei seinen Kunden sehr beliebt ist, sondern dass man hier besonderes ignorant mit den Kunden umgeht. Bei manchen Banken und Sparkassen könnte man denken, man wartet in der ehemaligen DDR. Lassen Sie sich Ignoranz nicht bieten, gehen Sie woanders hin. Gehen Sie aber nicht zu irgendeiner Bank oder Sparkasse, sondern verschaffen Sie sich erst einen Überblick.

- Falls Sie noch kein Spanisch sprechen, sollte mindestens ein Ansprechpartner bei der Bank oder Sparkasse Ihrer Wahl Deutsch oder Englisch verstehen, weil Bankgeschäfte nicht mit Händen und Füßen erklärt werden können.

- Vergleichen Sie unbedingt die Kosten, denn es gibt unglaubliche Unterschiede. Gehen Sie mit dem deutsch sprechenden Mitarbeiter alle möglichen Kosten genau durch bevor Sie sich für ein Kreditinstitut entscheiden, sonst werden Sie hinterher Ihr blaues Wunder erleben. Wenn Sie beispielsweise mit 265 € bei einer bestimmten Sparkasse (den Namen können wir in diesem Buch nicht veröffentlichen, weil wir noch länger auf Mallorca leben möchten) im Minus stehen, wird man Ihr Konto bereits nach fünf Tagen mit 30 € Zinsen belasten. Das sind sagenhafte 827 Prozent (achthundertsiebenundzwanzig-Prozent) Zinsen im Jahr. Wenn Sie das nicht glauben, schicken wir Ihnen gerne einen Beleg. Wenn Sie jetzt denken, diese Sparkasse liegt in Uganda, dann irren Sie sich. Sie befindet sich direkt auf Mallorca im Mittelmeer, gelegen zwischen Afrika und Europa. Und Mallorca gehört zur EU und nicht zur Afrikanischen Union.
  Ein auffälliges Missverhältnis von Leistung und Gegenleistung erfüllt in Nord- und Mitteleuropa den Straftatbestand des Wuchers. Nach deutscher Rechtsprechung liegt dieses auffällige Missverhältnis bereits dann vor, wenn der Zinssatz doppelt so hoch ist, wie der vergleichbare Marktzins. Wenn Sie diese Geschichte einem Mitarbeiter dieser Sparkasse erzählen, könnte es sein, dass der vor Lachen vom Sitz fällt (wie bei uns, als wir es genauer

wissen wollten). Wenn Sie gegen derartige Machenschaften vorgehen wollen, sollten Sie entweder sofort die Bank wechseln oder sich mit THEMIS EuroJuristas, S.L. unterhalten. Diese Firma ist eine stetig wachsende Gruppe unabhängiger und spezialisierter Fach-Juristen, die darauf ausgerichtet ist, allen Personen, insbesondere ausländischen Residenten und Firmen in Spanien Ihre berechtigten Forderungen bei der spanischen Justiz und jeglichen Behörden und Ämtern bis hin zum Gerichtshof der Europäischen Union rechtswirksam durchzusetzen. Francis Bacon sagte schon: "Wucher ist das sicherste Mittel zum Gewinn, obwohl eines der schlechtesten, da er nichts anderes bedeutet, als sein Brot zu essen im Schweiße des Angesichts eines anderen".
Früher war die Welt noch in Ordnung, da haben die Bankräuber vor dem Tresen gestanden, heute stehen sie dahinter.

- Achten Sie darauf, wie Sie bedient werden. Es gibt Banken und Sparkassen, deren Mitarbeiter Ihnen den ganzen Tag vermiesen können. Unfreundliche und nicht kompetente Mitarbeiter lassen weit blicken. Meist hat dann auch das Management noch nie was von Kundenservice gehört. Kundenservice ist im Übrigen auf Mallorca ein völlig unberührter Acker. Wenn Sie als Einwanderer auf diesem Gebiet kreative Ideen mitbringen, werden Sie sich auf Mallorca eine goldene Nase verdienen.

- Eine Kontoeröffnung erledigen Sie problemlos ohne fremde Hilfe mit dem gültigen Personalausweis oder dem Reisepass. Für die Eröffnung eines Residentenkonto wird auch die *Steueridentifikationsnummer für Ausländer* in Spanien (*NIE-Nummer)* verlangt.

- Als *Langzeitmieter* sollten Sie ein Konto in Spanien unterhalten, von dem beispielsweise Ihre Telefon- und Stromkosten per Dauerauftrag abgebucht werden können. Telefonica, Vodafone, der mallorquinische *Stromversorger* Gesa-Endesa und die Wasserversorger buchen nicht von Ihrem deutschen Konto ab.

- Sollte Ihr Vermieter eine *Bankgarantie* verlangen, müssen Sie dafür eine spanische Bank einschalten. Im Gespräch mit dem Bankmitarbeiter kann es Ihnen passieren, dass man versucht, Sie von Ihrem Vorhaben abzubringen. Ja, Sie haben richtig gelesen, man wird Ihnen die Vorteile eines Immobilienkaufes eindringlich erläutern und die monatliche Belastung einer Hypothek mit der monatlichen Miete vergleichen. Jetzt sollten Sie allerdings besonders gut aufpassen, denn in diesem Falle wird der Bankmitarbeiter versuchen, Ihnen eine Immobilie anzudrehen, die er Ihnen als besonderes Schnäppchen schmackhaft macht. Mag sein, dass man Ihnen ein echtes Schmankerl serviert, aber wenn Sie das als Newcomer noch nicht beurteilen können, sollten Sie extrem vorsichtig sein und doch erst mieten, um sich einen Überblick zu verschaffen. Wenn Sie immer noch der Meinung sind, dass derartige Methoden im Bankgewerbe unmöglich sind und Banker Ihr uneingeschränktes Vertrauen besitzen, sollten Sie sich daran erinnern, was ein anderer Banker aus Ihrem Aktienbestand gemacht hat.

Befristeter Mietvertrag – *siehe Mietvertrag, Langzeitmietvertrag, Mietdauer und Kündigung, Saisonmietvertrag*

Das wunderbare an den Gesetzen, die diese Welt ihren Bewohnern auferlegen zu müssen glaubt, besteht darin, dass sie gewöhnliche Menschen zu einer außergewöhnlichen Kreativität anspornen, indem diese Menschen einfallsreiche Methoden ersinnen, die Gesetze zu umgehen. Der befristete Mietvertrag, der auf Mallorca auch als so genannter *Elf-Monatsmietvertrag* in den Umlauf gebracht wird, ist eine derartige Kreation.
Die auf elf Monate befristete Mietzeit, die manchmal auch auf 12 Monate oder kürzer befristet wird, wurde ersonnen, um das geltenden *spanische Mietrecht* in bestimmten Fällen zu umgehen. Um es vorweg zu sagen, der befristete Mietvertrag ist nicht ungesetzlich, er wird aber leider oft missbraucht. Das kann gut oder auch für alle Beteiligten ins Auge gehen. Ob es gut geht hängt von bestimmten Bedingungen ab, die wir im folgenden näher betrachten werden.
Im *spanischen Mietrecht* bezieht sich der normale gesetzliche *Mietvertrag* auf die *Vermietung von Wohnraum*, dessen Funktion darin besteht, das permanente Wohnbedürfnis eines Mieter zu befriedigen. Die Betonung liegt hier auf "permanent" und auf "Wohnbedürfnis". Dagegen regelt das gleiche Gesetz auch die *gewerbliche Vermietung,* die sich auf Räumlichkeiten bezieht, deren Funktion eine andere ist, als die Befriedigung des ständigen Wohnbedürfnisses des Mieters. Bis hierhin ist alles noch im grünen Bereich und für Laien leicht nachvollziehbar. Aber jetzt versteht der Gesetzgeber in Spanien, dass insbesondere die *Saisonmietverträge*, die für den Sommer oder für eine andere Saison abgeschlossen werden, zu den *gewerblichen Vermietungen* gezählt werden. Die Natur eines Saisonmietvertrages im Gegensatz zum normalen Mietvertrag ist jedoch nicht die Befriedigung des permanenten, sondern eines befristeten Wohnbedürfnisses. Damit wird unterstellt, dass ein Mieter nicht

seinen Lebensmittelpunkt am Ort des Mietobjektes hat und vor allem, dass er keine permanente Aufenthaltsgenehmigung in Spanien beantragt. In der Praxis geschieht jedoch oft folgendes. Der Mieter, der in seiner Unwissenheit einen befristeten Mietvertrag unterschreibt, hat oft nichts Eiligeres zu tun, als sich, seine Familie und sein Auto sofort auf Mallorca anzumelden. Darüber hinaus bestellt er auf seinen Namen einen Telefonanschluss, die Rechnung des Stromversorgers wird auf seinen Namen umgeschrieben und die Kinder werden in der Schule angemeldet. Das sind alles Tatbestände eines dauerhaft begründeten Wohnsitzes in Spanien und verhalten sich entgegengesetzt zum befristeten Mietvertrag. Wenn dieser Mieter später dahinterkommt, was er eigentlich unterschrieben hat, kann es für ihn zu spät sein, und er muss nach elf Monaten ausziehen.
Bleibt die Frage, warum sich der so genannte *Elf-Monatsmietvertrag* so hartnäckig hält und fleißig vorgelegt und unterschrieben wird. Im Artikel 4, Absatz 3 des *spanischen Mietgesetzes* heißt es, dass gewerbliche Mietverhältnisse nach dem Willen der *Vertragsparteien* frei gestaltet werden können. Weiterhin heißt es im Artikel 3, Absatz 2, dass insbesondere *Saisonmietverträge* als *gewerbliche Vermietungen* zu betrachten sind. Findige Rechtsanwälte haben aus diesen Paragraphen einen *Elf-Monatsmietvertrag* gestrickt, der die Merkmale eines *Saisonmietvertrages* hat. Sie können die Sache jedoch drehen und wenden wie Sie wollen, aus einem Elf-Monatsvertrag wird unter bestimmten Umständen kein *Mietvertrag* mit Saisonvertragsstatus aber möglicherweise vor einem Richter ein Langzeitmietvertrag.
Der *Saisonmietvertrag* und der daraus abgeleitete so genannte *Elf-Monatsmietvertrag* ist für Mieter gedacht, die Mallorca nicht als ständigen Wohnsitz wählen. Das Problem dabei ist nur, dass ausländische Mieter die kleinen spitzfindigen Unterschiede des langfristigen und befristeten Mietvertrages in der Mehrzahl nicht erkennen und sich im guten Glauben einen Elf-Monatsvertrag unterjubeln lassen.

Wenn Sie vorhaben, nur ein Jahr oder kürzer auf Mallorca zu verbringen, müssen Sie sich keine Gedanken machen. Unterschreiben Sie Ihrem Vermieter getrost den befristeten Mietvertrag und Sie haben für diese Zeit ein rechtsgültiges Dokument. Wenn Sie jedoch vorhaben, länger als ein Jahr ein Mietobjekt anzumieten, sollten Sie den nachfolgenden Text am besten solange lesen, bis Sie wissen was gespielt wird. Der *Elf-Monatsmietvertrag* greift dann nämlich seit der Reform des *spanischen Mietrechts* aus dem Jahre 1995 heute nicht mehr. Vor der Gesetzesänderung musste ein *Mietvertrag* für einen Erstwohnsitz mindestens ein Jahr dauern. Demzufolge versuchten Vermieter, indem sie einen kürzeren Zeitraum angaben, sich am Gesetz vorbei zumogeln. Aus dem reformierten *Mietgesetz* lässt sich das heute nicht mehr so ableiten. Der Artikel 9 dieses Gesetzes, der die *Mindestmietdauer* eines Mietverhältnisses regelt, besagt zwar eindeutig, dass die Dauer des *Mietvertrages* von den Parteien frei zu bestimmen ist, die Kernaussage ist jedoch die folgende: Der *Mietvertrag,* der das ständige Wohnbedürfnis des Mieters befriedigt, verlängert sich bei Ablauf automatisch um ein Jahr bis eine *Mindestmietdauer* von fünf Jahren erreicht ist, für den Fall, dass die im Vertrag genannte Mietdauer unter fünf Jahren liegt. Da die frei bestimmte Mietdauer des *Elf-Monatsmietvertrages* eindeutig unter fünf Jahren liegt und demzufolge nach Ablauf automatisch bis zu fünf Jahren verlängert wird, kann der Elf-Monatsvertrag auch keinen Sonderstatus beanspruchen, sondern wird im Zweifelsfall wie jeder andere *Mietvertrag*, der dem *Mietgesetz* unterliegt, behandelt, insbesondere dann, wenn ein Mieter nachweisen kann, dass er die ganze Zeit permanent auf Mallorca wohnt.

Die einzige Ausnahme, bei der ein *Elf-Monatsmietvertrag* greift, ist auch im Artikel 4 des *spanischen Mietrechts* geregelt. Diese *Mietverhältnisse* richten sich nämlich nach dem Willen der *Vertragsparteien*, wenn bei der *Vermietung von Wohnraum* die

Fläche 300m² überschreitet oder die jährliche Miete höher als das 5,5-fache des jährlichen Mindestgehaltes in Spanien ist. Bei Anmietung von *Luxusimmobilien* sollten Sie folglich aufpassen. Der frei ausgehandelte Elf-Monatsvertrag, oder jeder andere befristete Mietvertrag kann hier durchaus ein gesetzlicher Mietvertrag sein, der sich aber nicht nach den Richtlinien des *Mietgesetzes automatisch verlängert*.

Weil der so genannte Elf-Monatsmietvertrag die Merkmale eines *Saisonmietvertrages* hat, meinen viele Vermieter, der Vertrag wäre nach elf Monaten eindeutig beendet. Das dies nicht unbedingt der Fall sein muss, haben Sie jetzt klar erkannt.
Um das ganze noch einmal auf den Punkt zu bringen: Hätte der befristete Mietvertrag für einen Mieter mit ständigem Wohnsitz auf Mallorca Gültigkeit, dann wäre das *spanische Mietrecht* in der Tat ausgehebelt und somit eine Farce.

Besichtigungstermin – *siehe außergewöhnliche Mietobjekte*

Falls Sie an einer Mietwohnung oder an einem Haus interessiert sind, vereinbaren Sie so schnell wie möglich einen Besichtigungstermin. Andernfalls wird das *Mietobjekt* eventuell schon vorher vergeben sein.
Setzen Sie Ihr Sonntagsgesicht auf und bereiten Sie sich auf mögliche Fragen des Vermieters zu Ihrer Lebens- und Arbeitssituation vor. Falls der Vermieter nur Spanisch, oder eine Sprache spricht, die Sie nicht verstehen, stellen Sie sicher, dass die Mitarbeiter Ihrer *Vermittlungsagentur* ausreichend Fremdsprachenkenntnisse besitzen. Es gibt deutsche *Vermittlungsagenten* auf Mallorca, für die ist bereits Ihre Muttersprache eine Art Fremdsprache.

Oftmals ist es sinnvoll, schon zur Besichtigung eine gewisse Menge an Bargeld für eine *Reservierung* mitzubringen. Damit signalisieren Sie dem Vermieter, dass Sie das Mietobjekt tatsächlich wollen und es sich nicht später wieder anders überlegen. Falls Sie ein bis zwei Tage bis zu Ihrer endgültigen Entscheidung ohne Anzahlung überlegen müssen, wird das Mietobjekt möglicherweise schon an einen anderen Interessenten vergeben sein. Bedenken Sie bitte, je mehr ihnen ein *qualitativ hochwertiges Mietobjekt* zu einem interessanten *Mietpreis* zusagt, desto größer ist die Wahrscheinlichkeit, dass es auch anderen Suchenden gefallen könnte.

Betriebskosten – *siehe Nebenkosten,Gemeinschaftskosten*

Betrüger auf Mallorca

Es gibt ein altes Sprichwort, das besagt: „Gott schütze uns vor Sturm und Wind und vor Deutschen, die im Ausland sind". Dieses Sprichwort sollten Sie ernst nehmen, wenn Sie auf Mallorca leben möchten und den Kontakt zu Landsleuten aufnehmen. Vor allem Newcomer werden von den alteingesessenen Füchsen des öfteren nach allen Regeln der Kunst betrogen und ausgenommen. Ihre Unerfahrenheit und Hilflosigkeit wird von manchen Landsleuten schamlos ausgenützt. Wenn Sie Rat benötigen, wenden Sie sich besser an eine *Gestoría* oder an einen Rechtsanwalt. Meiden Sie vor allem selbst ernannte Berater, die sich hartnäckig weigern, Ihren Nachnamen zu nennen und deren Büro nur aus ihrem Handy besteht. Diese Geschäftemacher laufen auf Mallorca haufenweise herum. Sie besitzen keine andere Qualifikation als die, deutsch zu sprechen. Sie geben vor, einflussreiche Menschen auf der Insel persönlich zu kennen und die besten Verbindungen bis zur Parteispitze zu haben. Damit Sie nicht auf jeden Tagedieb und jeden Betrüger hereinfallen, sollten Sie von Anfang an ein paar Grundregeln beachten:

- Lassen Sie sich von Personen, mit denen Sie geschäftlich zu tun haben, nicht nur den Vornamen, sondern auch den Nachnamen geben.

- Fragen Sie immer nach einer Geschäftskarte oder nach einem anderen Dokument mit einer nachvollziehbaren Anschrift, einer Festnetztelefonnummer und einer email-Adresse.

- Versuchen Sie in Erfahrung zu bringen, woher diese Person stammt oder wo sie zuletzt gewohnt hat.

- Merken Sie sich das Autokennzeichen, den Autotyp und die Farbe des Autos von Leuten, mit denen Sie zum ersten Mal ein Geschäft abwickeln.

- Wenn Sie Verträge schließen, lassen Sie sich immer eine Kopie des Personalausweises oder des Reisepasses Ihrer Vertragspartner geben.

- Bei Verträgen sollten Sie darauf bestehen, dass Ihre Vertragspartner jede einzelne Seite unterschreiben, insbesondere dann, wenn die Seiten nicht nummeriert sind.

- Vermeiden Sie Barzahlungen, wenn eine Überweisung möglich ist.

- Schecks sollten Sie nicht auf „Al Portador" ausstellen. Setzen Sie grundsätzlich den Namen des Berechtigten ein, somit lässt sich später ein Nachweis führen, wenn etwas schief läuft.

- Unterschreiben Sie keinen Vertrag, der auf Spanisch abgefasst ist, wenn Sie kein Vertrauen zu Ihrem Geschäftspartner haben. Wenn Sie zweifeln, sollten Sie einen Anwalt oder einen *Gestor* einschalten.

- Unterschreiben Sie nie bei einem Notar einen spanischen Vertrag, ohne vorher die korrekte Übersetzung auf deutsch gelesen zu haben, es sei denn, Sie verstehen den spanischen Text.

Bruttogeschossfläche – *siehe Konstruktionsfläche*

Bruttomiete und Nettomiete – *siehe Kaltmiete, Nettomiete, Nebenkosten*

Von Bruttomiete, Inklusiv- oder Warmmiete spricht man, wenn alle *Nebenkosten* für ein gemietetes Objekt direkt mit der *Miete* gezahlt werden und keine weiteren Kosten mehr entstehen, das heisst, alle *Nebenkosten* sind im *Mietpreis* enthalten. Eine nachträgliche Abrechnung erfolgt nicht. Wenn alle *Nebenkosten* separat abgerechnet werden, so spricht man von *Netto-* oder auch *Kaltmiete* (el alquiler sin gastos incluidos). Eine Bruttomiete wird auf Mallorca selten bei *Langzeitvermietungen*, dafür aber immer in Form einer Pauschalmiete bei der *Ferienvermietung* verlangt.

Checkliste – *siehe Langzeitmietobjekte*

Es reicht leider nicht, wenn Sie vielen *Vermittlungsagenten* mitteilen, dass Sie eine Wohnung auf Mallorca suchen. Um den Menschen, die Ihnen bei der Suche behilflich sein sollen, das Leben

so einfach wie möglich zu machen, sollten Sie sich anhand einer Checkliste darüber klar werden, wo genau Sie auf Mallorca was zu welchem *Mietpreis* und vor allem wann und wie lange suchen. Wenn Sie das selber noch nicht wissen, kann Ihnen auch niemand helfen, Ihr Traummietobjekt zu finden, es sei denn, Sie treffen einen Hellseher. Hellseher erkennen Sie auf Mallorca daran, dass sie Dollar-Zeichen in beiden Augen haben.
Wir haben nachstehend einige Fragen aufgelistet, die Sie sich selber beantworten sollten. Wenn Sie Ihr persönliches Suchprofil erst einmal durchdacht und erstellt haben, werden Sie Ihre Wünsche problemlos jedem mitteilen können.

- Was möchten Sie mieten: Chalet, Villa, Reihenhaus, Eckreihenhaus, Doppelhaushälfte, Stadthaus, Dorfhaus, Rustikale Finca, Landhaus, Maisonetten-, Erdgeschoß-, Etagen- oder Obergeschosswohnung ?

- Falls Sie ein Haus oder eine Erdgeschosswohnung bevorzugen, möchten Sie ein kleines oder großes umzäuntes oder offenes Grundstück oder einen kleinen Garten für Ihre Kinder, Ihre Haustiere oder vielleicht zum Gemüse anbauen?

- Möchten Sie Neubaucharakter mit Erstbezug oder reicht Ihnen ein renoviertes Mietobjekt ?

- In welcher Region Mallorcas möchten Sie wohnen ?

- Möchten Sie direkt am Meer, in Küstennähe, auf dem Lande, im Gebirge, lieber in einem kleinen Ort oder in einer größeren Stadt wohnen ?

- Bevorzugen Sie eine Prestigelage wie zum Beispiel Son Vida, Porto Andratx oder Alt-Bendinat ?

- Ist Ihnen ein Meerblick wichtig ?
- Ist eine absolut ruhige Lage für Sie sehr wichtig ?
- Bevorzugen Sie den landestypischen oder den modernen Baustil ?
- Haben Sie Kinder im schulpflichtigen Alter ?
- Auf welche Schulen möchten Sie Ihre Kinder schicken? Auf eine spanische staatliche Schule oder auf eine internationale Privatschule ?
- Wie viele Personen werden in das neue Heim einziehen ?
- Wie viel Wohnfläche benötigen Sie ?
- Wie viele Schlafzimmer werden mindestens benötigt ?
- Wie viele Bäder brauchen Sie? Müssen alle oder einige Bäder en-suite sein ?
- Benötigen Sie noch andere Räumlichkeiten, wie zum Beispiel Abstellraum, Büro usw. ?
- Benötigen Sie ein separates Gästeappartement oder ein Gästehaus ?
- Ab wann möchten Sie mieten ?
- Wie lange möchten Sie mieten ?
- Möchten Sie möbliert, teilmöbliert oder unmöbliert mieten ?

- Welchen Einrichtungsstil bevorzugen Sie und welchen mögen Sie gar nicht ?
- Reicht eine einfache Möblierung oder möchten Sie eine hochwertige Möblierung ?
- Müssen Supermärkte, Restaurants, Strände, Bus usw. zu Fuß erreichbar sein ?
- Werden Sie auf Mallorca ein Auto haben ?
- Bringen Sie Haustiere mit, oder wollen Sie sich auf Mallorca welche anschaffen ?
- Reicht Ihnen eine umschaltbare Klimaanlage als Heizsystem ?
- Benötigen Sie unbedingt einen Telefon-Festnetzanschluss oder reicht Ihnen Ihr Handy ?
- Brauchen Sie unbedingt einen Festnetz-Internetanschluss? Wenn ja, mit welcher Kapazität? Oder können Sie auch mit einem kabellosen High-Speed-Internetzugang zurechtkommen ?
- Möchten Sie einen eigenen Swimmingpool oder einen Gemeinschafts-Swimmingpool? Welche Größe soll der eigene Pool mindestens haben ?
- Benötigen sie eine Garage? Für wie viele Autos? Oder reicht ein überdachter Carport, ein offener Stellplatz oder gar ein Straßenstellplatz ?

- Brauchen Sie einen Personenaufzug ?

- Muss das Mietobjekt rollstuhlgerecht sein ?

- Mit welcher Nettomiete und welchen Nebenkosten rechnen Sie pro Monat maximal ?

- Haben Sie sich auch bereits über Ihre Einkommensquellen und die zukünftige Einkommenshöhe auf Mallorca Gedanken gemacht ?

Die nachstehende Anfrage eines Mietinteressenten soll Ihnen ein Beispiel geben, wie Sie *professionellen Helfern* auf Mallorca Ihr Anliegen optimal verständlich machen können:

Sehr geehrte Damen und Herren,
wir sind eine solvente vierköpfige Familie mit zwei Kindern (6 und 7 Jahre) und tragen uns sehr ernsthaft mit dem Gedanken der langfristigen Übersiedlung nach Mallorca. Auf Ihren sehr informativen Internetseiten haben wir uns bereits einen guten Überblick über die Vielzahl Ihrer Angebote verschaffen können.
Folgende Anforderungen sind uns für unser neues Domizil wichtig:

- Mietobjekt: Haus/*Finca*/Villa;
- Lage: *Südwestküste Mallorcas* (Nähe oder gute Erreichbarkeit der *Deutschen Schule*);
- Blick: Meeresnähe, Panoramablick;
- Anforderungen: mindestens 3, besser aber 4 Schlafzimmer, ein zusätzlicher Büroraum wäre ideal;
- *möbliert oder teilmöbliert* (nicht Bedingung);
- Klimatisierung und *Heizung;*
- Neubaucharakter bzw. renoviertes Objekt;

- großzügiger Schnitt (mindenstens $150m^2$ *Wohnfläche*, Abweichungen nach unten nur bei "besonderem Schnitt" möglich);
- *Internet-Anschluss* (ADSL) muss unbedingt verfügbar sein;
- unsere Obergrenze der Monatsmiete liegt bei 2.500 €;
- Bezug: Flexibel regelbar zwischen Anfang Juli und Anfang Oktober 2009;
- *Mietdauer*: Langzeitanmietung absolut gewünscht (länger als 12/24 Monate);

- Folgende weitere Optionen sind denkbar: größeres Objekt (ggf. auch mit höherem *Mietzins*), wenn ein separates Gästeappartement vorhanden und *Untervermietung* gestattet ist. Penthouse oder ähnliches, wenn es den oben genannten Anforderungen genügt.

- Den optimalen Charakter hätte ein Objekt ähnlich Ihrem Angebot Referenz-Nr. 1140-C, bei welchem praktisch ausschließlich der *Mietpreis* nicht vollständig mit unserer Vorstellung harmoniert. Wir werden vom 30. Mai bis 12. Juni auf Mallorca sein und würden diese Zeit gern für ein persönliches Gespräch und die *Besichtigung* interessanter Objekte nutzen. Gern erwarten wir Ihre Informationen, danken Ihnen für Ihre Bemühungen bereits im voraus und verbleiben mit freundlichen Grüßen.

Courtage – *siehe Vermittlungsprovision*

Dauermiete - *siehe Langzeitmiete, Langzeitvermietung*

Deutsche Schule – *Privatschulen und staatliche Schulen*

Deutsche Übersetzung des spanischen Mietvertrages – *siehe Mietdauer und Kündigung*

Eigenbedarf – *siehe Mietdauer und Kündigung des Mietverhältnisses*

Die *automatische Verlängerung des Mietvertrages* kommt im *spanischen Mietrecht* nicht zum Tragen, wenn zum Zeitpunkt des Vertragsabschlusses ausdrücklich im Vertrag auf die Notwendigkeit für den Vermieter hingewiesen wird, den Wohnraum vor Ablauf der *Mindestmietdauer* von fünf Jahren für Eigenbedarf zu nutzen.

Eigentumswechsel – *siehe Verkauf des Mietobjektes, Mietkauf*

Ein Eigentumswechsel hat keinen Einfluss auf das bestehende Mietverhältnis. Der Käufer übernimmt beim Kauf des Mietobjektes als neuer Vermieter die Rechte und Pflichten des Verkäufers und vorherigen Vermieters für den Zeitraum der Dauer des *Mietverhältnisses*, selbst dann, wenn ihn der Verkäufer nicht darüber informiert hat.
Der Mieter hat bei einem Eigentumswechsel ein *Vorkaufsrecht*. Er muss vom Vermieter über Verkaufsabsicht und Preis in Kenntnis gesetzt werden. Auch bei einer Zwangsversteigerung des Mietobjektes muss der *Mietvertrag* respektiert und eingehalten werden.

Eintrittsrecht Dritter und Fortsetzung des Mieverhältnisses

Der Vertragseintritt von Familienangehörigen in das Mietverhältnis nach dem Tod des Mieters wird im *spanischen Mietrecht* im Artikel 16 sehr ausgiebig behandelt, obwohl die Fortsetzung des *Mietvertrages* in der heutigen Zeit in der beschriebenen Form keine große Bedeutung mehr hat. Wichtig ist in diesem Zusammenhang für Sie zu wissen, dass dem Ehegatten aber auch dem Lebensgefährten, wenn dieser mindestens zwei Jahre mit dem verstorbenen Mieter zusammengelebt hat, erste Priorität eingeräumt wird, um in den *Mietvertrag* einzutreten.
Stirbt der Mieter, können die folgenden Personen das *Mietverhältnis* fortsetzen:

- Der Ehegatte, der zum Todeszeitpunkt mit dem Mieter zusammengelebt hat.

- Der Lebensgefährte, der mindestens zwei Jahre bis zum Tod des Mieters mit ihm in einem eheähnlichen Verhältnis zusammengelebt hat. Dies gilt auch für homosexuelle Paare.

- Die Nachkommen des Mieters.

- Verwandte und Geschwister, die mit dem Mieter in den letzten zwei Jahren zusammengelebt haben.

Das Mietverhältnis erlischt, wenn dem Vermieter nicht innerhalb von drei Monaten nach dem Todestag der Tod des Mieters schriftlich mitgeteilt und durch Urkunden belegt wird.

Einwohner auf Mallorca – *siehe Balearen*

Elf-Monats-Mietvertrag – *siehe Befristeter Mietvertrag, Saisonmietvertrag*

Entfernungen auf Mallorca – *siehe Balearen*

Im Internet finden Sie Listen über die Entfernungen auf Mallorca. Die Distanzen auf der größten *Baleareninsel* werden regelmäßig unterschätzt und erst nach der Unterzeichnung des *Mietvertrages* entdecken viele Mieter, dass es nicht so sinnvoll war, eine Mietwohnung in Cala Ratjada zu beziehen, in Palma zu arbeiten und die Kinder zur *Privatschule* nach *Santa Ponsa* zu bringen. Mallorca ist eine große Insel mit 98 km Entfernung von Ost nach West. Von Cala Ratjada im Nordosten bis nach Andratx im *Südwesten* sind Sie mit dem Auto trotz guter Autobahnverbindung heute immer noch über 90 Minuten unterwegs.

Eröffnung eines Kontos – *siehe Banken und Sparkassen auf Mallorca*

Fahrzeugeinfuhr und Fahrzeughaltung – *siehe Führerschein in Spanien*

Ihr zugelassenes und versichertes Fahrzeug können Sie offiziell nach Spanien mitnehmen und es dort als Nichtresident maximal sechs Monate nutzen. Während dieser Zeit benötigen Sie zum Führen Ihres Fahrzeuges einen Führerschein, einen Versicherungsnachweis, die Fahrzeugpapiere und den Nachweis einer gültigen technischen Untersuchung Ihres Heimatlandes.

Wenn Sie jedoch den Standort Ihres Kraftfahrzeugs nach Spanien verlegen wollen, besteht Zulassungspflicht. Bei einer

Wohnsitzbegründung müssen Sie Ihr Fahrzeug am bisherigen Standort abmelden und am neuen Standort in Spanien zulassen. Unter Standort versteht man den Ort, von dem aus ein Fahrzeug regelmäßig zum Straßenverkehr eingesetzt und an den es nach Beendigung des Einsatzes zurückgebracht wird.

Die Anmeldung Ihres mitgebrachten Fahrzeugs ist bei der spanischen Straßenverkehrsbehörde (Jefatura Provincial de Tráfico) innerhalb von sechs Monaten nach dem Wohnortwechsel vorzunehmen.
Die endgültige Abmeldung in Ihrem Heimatland sollten Sie aber erst durchzuführen, wenn die Zulassung Ihres Fahrzeuges in Spanien sichergestellt ist. Die Konsulate in Palma sind Ihnen auf Anfrage bei der Stillegung Ihres Fahrzeuges in Ihrem Heimatland behilflich.
Ist Ihr Fahrzeug auf Mallorca seit sechs Monaten ohne örtliche spanische Zulassung in Betrieb, riskieren Sie eine Geldbuße. Wurde außerdem keine spanische Kraftfahrzeugsteuer bezahlt, liegt auch ein Steuervergehen vor.

"Spain is different". Dies gilt vor allem bei der Zulassung eines privat eingeführten Kraftfahrzeuges. Die Kfz-Einfuhr und das Zulassungsverfahren kann in Spanien zu einem komplizierten und zeitaufwendigen bürokratischen Vorgang werden, wenn Sie kein Spanisch verstehen. Wer ohne Spanischkenntnisse die Einfuhr- und Zulassungsformalitäten auf Mallorca selbst erledigen will, wird sehr schnell an die Grenzen seiner Belastbarkeit herangeführt. Es ist deshalb ratsam, sich an eine spezialisierte Agentur (*Gestoría*) zu wenden, die Ihnen gegen eine relativ geringe Gebühr den gesamten Aufwand der erforderlichen bürokratische Vorgänge bei der Anmeldung abnimmt.
Alternativ bleibt Ihnen die Möglichkeit, sich ein Auto in Spanien zu kaufen. Damit sparen Sie sich den gesamten Aufwand und zudem die Zulassungssteuer.

Folgende Dokumente werden für eine Zulassung verlangt:

- Personalausweis oder Reisepass,
- eine spanische Steuernummer *(NIE-Nummer),*
- Abmeldebescheinigung des Wohnsitzes in Ihrem Heimatland,
- Aufenthaltsgenehmigung bei Wohnsitzwechsel (Bescheinigung der Registrierung = Certificado de Registro),
- Meldebescheinigung der Gemeinde (maximal 3 Monate alt),
- Kfz-Brief und Fahrzeugschein,
- Übereinstimmungsbescheinigung (Homologación des Fahrzeugbriefes bei einem Industrie-Ingenieur) bezüglich der Betriebserlaubnis,
- Prüfprotokoll der Technischen Inspektion vom ITV (Tarjeta de inspección técnica), dem spanischen TÜV,
- Nachweis über die Zahlung der spanischen Kfz- und Zulassungssteuer (Impuesto de Matriculación).

Sämtliche Dokumente müssen bei der Verkehrsbehörde (Dirección General de Tráfico) eingereicht werden.

Wird ein Fahrzeug auf Mallorca eingeführt und zugelassen, ist eine Zulassungssteuer (Impuesto de matriculación) zu bezahlen. Der zu entrichtende Betrag ist für Benzin- und Dieselfahrzeuge unterschiedlich hoch und richtet sich nach der Größe des Hubraumes. Bei Benzinfahrzeugen werden 7 Prozent bis 1600 ccm Hubraum und 12 Prozent über 1600 ccm Hubraum fällig. Bei Dieselfahrzeugen müssen Sie 7 Prozent bis 2000 ccm Hubraum und 12 Prozent über 2000 ccm Hubraum zahlen. Die Bemessungsgrundlage ist jeweils der Zeitwert des Fahrzeugs, der sich aus dem Neuwert abzüglich eines jährlichen Wertverlustes ergibt. Die Finanzbehörde ermittelt den jeweiligen Wertverlust anhand veröffentlichter Tabellen.

Wird ein Fahrzeug nicht importiert, sondern in Spanien gebraucht gekauft und auf den neuen Eigentümer überschrieben, so entfällt die Zulassungssteuer. In diesem Fall wird jedoch 4 Prozent Übertragungssteuer (Impuesto de transmisión) erhoben. Die Bemessungsgrundlage ist wiederum der Zeitwert des Fahrzeugs.

Die Zulassungssteuer und die Übertragungssteuer entfällt, wenn Sie vor der Zulassung Ihres Fahrzeuges in Spanien:

- länger als als sechs Monate der Eigentümer des Fahrzeugs im Ausland waren;
- dieses Eigentum durch einen Kaufvertrag (Kaufrechnung) nachweisen können;
- länger als ein Jahr außerhalb Spaniens Ihren Wohnsitz hatten (Abmeldebescheinigung);
- und Sie das Fahrzeug im Ausland auch versteuert hatten (Steuerbescheinigung).

Seit der Öffnung des EU-Binnenmarktes müssen Bürger der Europäischen Union keine Einfuhrumsatzsteuer mehr bezahlen, wenn ein gebrauchtes Fahrzeug für die persönliche Nutzung nach Spanien eingeführt wird.
Für Neuwagen gilt allerdings eine andere Regelung: Bei der Einfuhr eines neuen Fahrzeuges ist in Spanien die Mehrwertsteuer (IVA) in Höhe von derzeit 16 Prozent auf den Nettokaufpreis zu entrichten. Die vorher gezahlte Mehrwertsteuer wird vom Finanzamt des Heimatlandes zurückerstattet. Was noch als neues oder bereits gebrauchtes Fahrzeug gilt, wird derzeit nach zwei Kriterien festgelegt: Das Erstzulassungsdatum darf nur

maximal sechs Monate zurückliegen und die Fahrleistung darf höchstens 6.000 km betragen.

Nach der Anmeldung unterliegt Ihr Fahrzeug den spanischen Vorschriften über die Kraftfahrzeugsteuer sowie dem Erfordernis zum Abschluss einer Haftpflichtversicherung und der Vorführpflicht zur regelmäßigen technischen Untersuchung. Die Kfz-Steuer (Impuesto municipal de circulación) wird nach Motorleistung berechnet. Sie wird von den Gemeinden Mallorcas erhoben und ist örtlich unterschiedlich hoch. Die Haftpflichtversicherung für Ihr Fahrzeug können sie bei jedem spanischen Versicherungsunternehmen abschließen. Die technischen Untersuchungen (ITV - Inspección Tecnica de Vehículos) sind nach spanischem Recht in regelmäßigen Abständen durchzuführen. Die erste Untersuchung wird nach vier Jahren fällig. 4-9 Jahre alte Fahrzeuge müssen alle zwei Jahre und über 10 Jahre alte Pkw jährlich zur technischen Untersuchung.

Wenn Sie schließlich nach erfolgreicher Ummeldung mit einem Fahrzeug mit spanischem Nummernschild unterwegs sind, dann benötigen Sie folgende Dokumente:

- Führerschein,
- Fahrerlaubnis des Autos (Permiso de Circulacion),
- ITV Nachweis (Tarjeta de Inspeccioin Tecnica de Vehicolus),
- Versicherungsnachweis inklusive dem Beleg, der die Zahlung bescheinigt.

Auch wenn es für Sie gewöhnungsbedürftig klingt, aber diese Papiere müssen Sie jederzeit im Original in Ihrem Fahrzeug mitführen. Möchten Sie Ihre Originaldokumente sicherheitshalber nicht im Auto lassen, können Sie sich Kopien anfertigen, die Sie allerdings vom Verkehrsamt, einem Notar oder der Stadtverwaltungen gegen eine Gebühr beglaubigen lassen müssen.

Feriengebiete

Mallorca ist eine Ferieninsel und lebt hauptsächlich von den Einnahmen aus dem Touristikgeschäft. Die Küstengebiete mit *Stränden* sind traditionelle Feriengebiete, die in den Sommermonaten von Mai bis Oktober jedes Jahr ihre Auferstehung feiern und in den Wintermonaten mangels Geschäft runtergefahren werden. Wer Ostfriesland kennt, weiß was es bedeutet, wenn die Bürgersteige hochgeklappt werden. Nur wenige Langzeitmieter fühlen sich in dieser Einsamkeit wohl. Die Mehrheit sucht deshalb den gut strukturierten Ganzjahresbetrieb mit Rückzugsmöglichkeiten, wie er beispielsweise an der *Südwestküste* vorhanden ist.

Typische Feriengebiete, die sich nicht in der Nähe von Palma befinden, wie beispielsweise die gesamte Ost-, Nordost- und Westküste, sind demzufolge für eine ganzjährige *Langzeitmiete* nicht für Personen geeignet, für die eine gut funktionierende Infrastruktur mehr Lebensqualität bedeutet oder deren Kinder eine der *internationalen Schule* besuchen sollen. Am wohlsten fühlen sich die meisten Langzeitmieter im Südwesten, gefolgt von Gebieten in und um Palma. Die *Südwestküste* wird auch im Winter nicht "geschlossen". Allerdings ist das, was die meisten wollen, auch dementsprechend teurer. Im Südwesten bekommen Sie schon lange für 1.500 € kein freistehendes Chalet mit eigenem *Swimmingpool* mehr, aber dafür finden Sie hier die besten *Komfortwohnungen* mit hohem Standard in gepflegten Appartementanlagen. Ab 1.200 € Monatsmiete können Sie beispielsweise in *Santa Ponsa* hochwertig möblierte Luxuswohnungen eingebettet in aufwendig gestalteten Gartenanlagen mit großen Gemeinschaftspools und mit allen wichtigen Kommunikationseinrichtungen langfristig anmieten.

Ferienvermietung

Immer mehr Immobilienbesitzer entdecken Mallorca als rentablen Immobilienstandort und versuchen in den Sommermonaten von der *Vermietung* ihrer Ferienwohnungen und -häuser an zahlungskräftige Feriengäste zu profitieren. Der Trend ist zwar nicht neu, aber er zeigt eine steigende Tendenz.
Obwohl die kommerzielle Ferienvermietung von privaten Appartements und Häusern ohne behördliche Genehmigung auf Mallorca unzulässig ist, gibt es in den Sommermonaten unzählige Anbieter, die ihre nicht genehmigten Immobilien Feriengästen zur Verfügung stellen. Diese Mietobjekte stehen jedes Jahr mit schöner Regelmäßigkeit in den Monaten Juni bis September für die *Langzeitvermietung* nicht mehr zur Verfügung.
Viele Haus- und Wohnungseigentümer verzichten auf eine *Langzeitvermietung* ihrer Immobilien, weil sie in der Feriensaison zu einträglichen Wochentarifen an Urlauber vermieten können und somit eine höhere Gesamtmieteinnahme durch Ferienvermietung erzielen als mit der Ganzjahresvermietung.
Weil immer mehr Individualisten dem Massentourismus entfliehen wollen, hat sich die kommerzielle Ferienvermietung von privaten Appartements, schicken Villen und rustikalen *Fincas* auf Mallorca zu einem lukrativen Geschäft entwickelt, das im großen Stil betrieben wird. Individualismus hat jedoch seinen Preis. Eine Wochenmiete von 1.000 € ist für eine Ferienwohnung keine Seltenheit, und für große Ferienhäuser mit Swimmingpool in besonders attraktiven Lage werden in der Hochsaison auch mal mehr als 10.000 € pro Woche gezahlt.

Da die private kommerzielle Ferienvermietung grundsätzlich von der Inselregierung nicht erwünscht ist, werden seit 2005 die Pläne für den lukrativen Nebenverdienst der Besitzer von Ferienimmobilien durchkreuzt, indem die Tourismusbehörde die Ferienvermietung kurzerhand genehmigungspflichtig gemacht hat. Auf massiven Druck der Hotellobby wurden vom Gesetzgeber die Maßstäbe für Vermieter von Ferienwohnungen und – häusern derart hoch angesetzt, dass nur sehr wenige Mietobjekte die extrem hohen Anforderungen erfüllen. Mit dem so genannten ETV-Zertifikat wurden die Standards für alle Ferienwohnungen und -häuser festlegt, und seit 2007 wird die Einhaltung rigoros durch Kontrollen und Bußgelder durchgesetzt. Betroffen sind vor allem Ferienobjekte, die kommerziell im Internet und in den Printmedien beworben werden und deren kommerzielle Nutzung von der Behörde dadurch nachgewiesen werden kann. Wer seine Immobilie an Freunde oder Bekannte vermietet, hat keine Sanktionen zu befürchten. Besitzer von kommerziell genutzten Immobilien müssen dagegen die entsprechenden Genehmigungen beantragen.

Die Tourismusbehörde hat ab 2008 noch mehr Kontrollen angekündigt und ist dabei, ihre Ermittlungstätigkeit auf dem Gebiet der illegalen Ferienvermietung im großen Stil auszuweiten. Wer ohne Genehmigung kommerziell an Feriengäste vermietet, muss in Zukunft mit Strafen bis zu einer Höhe von 20 Prozent der geschätzten Jahresmiete rechnen. Die Tourismusbehörde ermittelt jedoch nicht nur in eigener Sache. Die Verstöße werden auch an das Finanzamt zur Einleitung eines Steuerstrafverfahrens weitergegeben.

Fincas auf Mallorca

Was bedeutet eigentlich die Bezeichnung "Finca" auf Mallorca"? Im deutschsprachigen Raum versteht man darunter ein rustikales Landhaus oder ein Gutshaus, das sich auf Mallorca oder in Spanien befindet. Vor allem im Tourismus wird der Begriff heute in der deutschen Alltagssprache oft für ein bäuerliches Ferienhaus auf dem spanischen Festland, auf den *Balearen* oder Kanaren verwendet. Meist hat man dabei einen urgemütlichen, romantischen Landsitz mit Natursteinfassade, typischen Dachziegeln und Holzbalkendecken vor Augen. Derartige rustikale Fincas findet man auf Mallorca vornehmlich im Landesinneren.
In der letzten Zeit wurden auch an den Küsten der *Balearen* Häuser nachgebaut, die sich hinsichtlich ihres Baustils an historischen Fincas orientierten, allerdings ausgestattet mit hochmoderner Haustechnik, komfortablem Innenausbau und entsprechenden Preisen.

Bei typischen, einfachen mallorquinischen Fincas auf dem Lande kann die *Miete* auch schon mal weniger als 1.000 € pro Monat betragen, allerdings entspricht dann der Komfort dieser Häuser nicht unbedingt dem Anspruchsniveau eines nord- oder mitteleuropäischen Großstädters. Ältere Fincas haben oft kein *Heizsystem* und keine kommunale Wasser- oder *Stromversorgung*. Sehr oft bleibt auch die mündliche Zusage von unseriösen Vermittlern, dass der Telefonfestnetzanschluss für ein ländliches Mietobjekt innerhalb eines Monats kommt, bis in alle Ewigkeit leider nur ein Versprechen. Preiswerte Fincas und Landhäuser befinden sich außerdem selten in der Nähe der *internationalen Schulen*. Wer nicht drei bis vier Stunden am Tag damit beschäftigt sein will, seine Kinder zur *Schule* hin- und herzufahren, oder wer eine bestimmte Arbeitsstelle erreichen muss, der sollte bei den *Entfernungen* sehr genau hinschauen. Vielen fällt erst nach Abschluss des *Mietvertrages* auf, dass Mallorca eine große Insel ist.

In den Hintergrund gerückt ist dabei ganz, dass der Begriff Finca eigentlich allgemein Liegenschaft oder Grundstück bedeutet. Auf Mallorca steht der Ausdruck "Finca" für alle Liegenschaften, Grundstücke und sogar für Wohnungen. Im *Mietvertrag* sehen Sie deshalb ersatzweise für Mietobjekt, Haus oder Wohnung auch die Begriffe "vivienda" oder eben auch "finca".
Weiterhin werden Ihnen in diesem Zusammenhang noch die folgenden Bergriffe über den Weg laufen: Als "finca registrada" bezeichnet man eine eingetragene Liegenschaft und ein eingetragenes Grundstück. Eine "finca rústica" ist ein ländliches Grundstück oder Anwesen mit oder ohne Bebauung, ein Landgut oder ein mallorquinischer Bauernhof.
Bei einer "finca urbana" handelt es sich um ein Grundstück oder eine Liegenschaft in einem Ort oder allgemein um ein Grundstück im Rahmen eines Bebauungsplanes.

Flächenangaben von Häusern und Wohnungen – *siehe Konstruktionsfläche*

Fristgerechte Kündigung – *siehe Mietdauer und Kündigung*

Fristlose Kündigung – *siehe Mietdauer und Kündigung*

Führerschein in Spanien

Grundsätzlich wird die in einem Staat der Europäischen Union ausgestellte Fahrerlaubnis aufgrund der europäischen Führerscheinrichtlinie in Spanien anerkannt. Das EU-Recht verpflichtet somit alle Staaten der Union, nationale Regelungen zu schaffen, nach denen Fahrerlaubnisse der anderen Mitgliedsländer zeitlich unbeschränkt anerkannt werden müssen. Sie benötigen deshalb

keinen internationalen Führerschein, um in Spanien mit der heimischen Fahrerlaubnis ein Fahrzeug zu führen. Dies gilt sowohl für vorübergehende touristische Aufenthalte als auch für dauerhafte Niederlassungen in Spanien mit Wohnsitzwechsel.
Trotz dieser Anerkennungspflicht ist jedoch zu differenzieren, ob der Führerscheininhaber seinen gewöhnlichen Wohnsitz in Spanien hat oder nicht. Auch als Inhaber eines ausländischen Führerscheins müssen Sie die in Spanien geltenden gesetzlichen Bestimmungen beachten, wenn Sie ihren ständigen Wohnsitz nach Spanien verlegen. Sie sind mit Ihrem gewöhnlichen Wohnsitz in Spanien ansässig, wenn Sie sich länger als 183 Tage im Jahr hier aufhalten und somit Ihren Lebensmittelpunkt oder den Mittelpunkt ihrer wirtschaftlichen Aktivitäten in Spanien haben.

In Spanien ansässige EU-Bürger sind verpflichtet, innerhalb von sechs Monaten bei der zuständigen Straßenverkehrsbehörde (Jefatura Provincial de Tráfico) eine spanische Fahrerlaubnis zu beantragen, die in den vorgeschriebenen Abständen unter den hier geltenden gesetzlichen Richtlinien verlängert werden muss. Bis zur Vollendung des 45. Lebensjahres haben die geläufigen Pkw-Führerscheine in Spanien eine Gültigkeitsdauer von zehn Jahren. Danach verkürzt sich die Gültigkeitsdauer auf fünf Jahre. Mit Vollendung des 70. Lebensjahres müssen Sie den spanischen Führerschein alle zwei Jahre verlängern.

Obwohl die ausländischen europäischen Führerscheine in Spanien anerkannt werden müssen, unterliegen ausländische Führerscheininhaber mit Wohnsitz in Spanien in Bezug auf die Gültigkeitsdauer des Führerscheins den gleichen Vorschriften wie die Inhaber spanischer Führerscheine. Nach spanischem Recht ist die Gültigkeitsdauer der Fahrerlaubnis mit vorgeschriebenen ärztlichen Kontrollen verbunden. Auch ausländische Führerscheininhaber unterliegen damit wie alle spanischen Führerscheininhaber den spanischen Regelungen über die in bestimmten

Zeitabständen vorzunehmenden ärztlichen Untersuchungen. Das bedeutet in der Praxis, dass Sie mit jedem Verlängerungsantrag den Nachweis erbringen müssen, dass Sie körperlich und geistig geeignet sind, ein Kraftfahrzeug zu führen.
Wenn Sie sich nicht an diese bestehenden Vorschriften in Spanien halten, führen Sie grundsätzlich ein Fahrzeug ohne Fahrerlaubnis und müssen bei Kontrollen mit einem empfindlichen Bußgeld rechnen.

Gehaltsnachweis - *siehe Mietsicherheiten*

Gemeinschaftskosten – *siehe Nebenkosten*

Bei Wohnungen und Häusern in gehobenen Wohnanlagen mit *Swimmingpool* und umfangreicher Gartenanlage entstehen für die Pflege und Instandhaltung zum Teil hohe Betriebskosten, die in Spanien als Gemeinschaftskosten (gastos de comunidad) bezeichnet werden. Diese Kosten sind fast immer bereits in der Mietforderung pauschal enthalten. Die Vermieter verlassen sich selten darauf, dass ihr Mieter nach Ablauf eines Jahres eine hohe Abrechnung für diese *Nebenkosten* begleichen kann und kalkulieren sie demzufolge in den *Mietpreis* hinein. Bei älteren Wohnanlagen ohne individuelle Wasserzähler wird auch der Wasserverbrauch mit Hilfe des Verteilerschlüssels der *Konstruktionsflächen* der Wohnungen verteilt und ist demzufolge meist pauschal in der Mietforderung enthalten, weil der Vermieter in Vorleistung tritt.

Pauschal kalkulierte und im Mietpreis bereits enthaltene Gemeinschaftskosten werden am Ende einer Abrechnungsperiode nie revidiert, das heisst, sollten sie höher ausfallen, wird der Vermieter keine Nachzahlung verlangen, und falls sie niedriger sind, hat der

Mieter dementsprechend keinen Anspruch auf Rückzahlung der zu viel gezahlten Miete.

Gesamtmietdauer – *siehe Mietdauer und Kündigung*

Geschäftsfähigkeit – *siehe Langzeitmietverträge*

Geschäftsfähigkeit ist die Fähigkeit, rechtlich bindende Willenserklärungen abzugeben, zum Beispiel *Mietverträge* zu schließen. Die unbeschränkte Geschäftsfähigkeit wird in Spanien mit Vollendung des 18. Lebensjahres erreicht. Damit ist zugleich die Prozessfähigkeit gegeben.

Gestorias

Deutsche auf Mallorca, insbesondere die Newcomer, besitzen nicht immer genügend Spanischkenntnisse, um behördliche Angelegenheiten selbständig regeln zu können. Viele wenden sich zunächst an das deutsche Konsulat und werden dort meist mit gutem Grund an eine Gestoria verwiesen.
Eine ordnungsgemäße Niederlassung in Spanien erfordert einige Behördengänge, die viel Zeit in Anspruch nehmen können. Dafür gibt es in Spanien die Gestorías. Darunter versteht man Agenturen zur Erledigung amtlicher Formalitäten, die Ihnen für ein angemessenes Honorar notwendige, lästige und zeitaufwendige Behördengänge abnehmen.
Gestoren haben in Spanien ein abgeschlossenes Studium der Rechts- oder Wirtschaftswissenschaften und außerdem ein spezielles Aufbaustudium in Madrid absolviert. Größere Gestorías sind oft ein Zusammenschluss von Anwälten, Steuerberatern und Wirtschaftsberatern.

Gute Gestorías sind kompetente Besorgungsbüros mit mehrsprachigen Mitarbeitern und zeichnen sich durch Kreativität und Findigkeit aus. Sie lassen sich für ihre Kunden etwas einfallen und schöpfen legal alle Möglichkeiten aus, um den schwerfälligen Staat zu umgehen.
Suchen Sie sich eine Gestoria, wo zumindest einer der Mitarbeiter gut Deutsch spricht. Es sei denn, Sie beherrschen Spanisch so gut, dass Sie dem Gestor Ihr Anliegen im Detail erklären können.
Bis 1997 gab es für Gestorías eine Gebührenordnung für ihre Leistungen. Seit 1998 können die Honorare frei ausgehandelt werden. Lassen Sie sich von Ihrem Gestor einen Kostenvoranschlag machen, damit Sie hinterher keine Überraschungen erleben. Die Gestorias sind an diese Voranschläge gebunden.
Bei größeren Vorhaben können Sie mit Ihrer Gestoria die Höhe des Honorars aushandeln und einen Pauschalpreis vereinbaren. Wenn Sie mit Ihrer Firma beispielsweise die gesamte Buchhaltung über eine Gestoria abwickeln möchten, sollten Sie sich vorher von mehreren Gestorias Angebote einholen.

Je nach Größe und Spezialisierung können Ihnen Gestoría eine umfangreiche Leistungsbandbreite anbieten. Der Neuankömmling kann beispielsweise die folgende Behördengänge kostengünstig und schnell durch eine Gestoría erledigen lassen:

- Beantragung einer spanischen *Steuernummer,*
- Aufenthaltsgenehmigung und Anmeldung eines Erstwohnsitzes,
- An- oder Ummeldung eines Fahrzeugs,
- Prüfung von Arbeitsverträgen,
- Gründung einer spanischen S.L. (spanische GmbH).

Gewerbliche Vermietung – *siehe Mietdauer und Kündigung, Saisonmietverträge*

Haustierhaltung

Die Haltung von Haustieren, insbesondere in Wohnanlagen, ist häufig die Ursache von Streitigkeiten und Unfrieden zwischen Mietern und kann spätestens bei Auszug eines Mieters auch der Grund zum Streit zwischen Mieter und Vermieter werden. Wohlgemerkt, wir reden hier nicht von der Kleintierhaltung wie beispielsweise Kanarienvögeln, Zwergkaninchen, Zierfischen oder Hamstern. Regelmäßig sind es Hunde, die durch ständiges Bellen einerseits die Ruhe der Nachbarn stören und andererseits dadurch Unfrieden stiften, indem sie Teile des Mietobjektes oder den mitgemieteten Inhalt beschädigen. Grundsätzlich kann der Vermieter bei Vertragsabschluss Hundehaltung generell verbieten. Aber soweit wird es auf Mallorca selten kommen, weil die meisten mallorquinischen Vermieter der Hundehaltung von vornherein misstrauisch gegenüberstehen und nicht zustimmen, weil sie aus Erfahrung wissen, wie ihre eigenen Landsleute zum Teil Ihre Hunde halten, nämlich auf erschreckende Art und Weise und nicht wie Familienmitglieder. Das geht soweit, dass ein Hund den ganzen Tag, während sein Herrchen arbeitet, auf dem Balkon verbringen muss, und jedes mal wenn ein Regenwurm vorbeimarschiert, die gesamte Nachbarschaft durch ein nie enden wollendes Bellen aufmischt. Da spanische Hunde nicht selten ein erbärmliches Leben haben, können sich deshalb nicht viele spanische Vermieter einen gut erzogenen Hund vorstellen. Aber auch bei der so genannten anständigen Hundehaltung wird viel erzählt und hinterher nichts gehalten. Jeder Mieter versichert uns bei der Wohnungssuche, dass sein Hund nie bellt, ja gar nicht bellen kann, dass er nie etwas zerstören würde und auf keinen Fall auf den weißen Marmorfußboden pinkelt. Die Realität sieht dann beim Auszug des Mieters fast immer anders aus: zerfetzte Sofas, zweckentfremdete Gärten und gelbe Flecken auf dem Marmorfußboden sind einige Schäden, die am häufigsten auftauchen. Einige Mieter sind sogar zu faul, Ihre Hundehaftpflicht zu bemühen, um den Schaden zu regulieren. Das ganze wäre für den Vermieter noch akzeptabel, wenn er für den Schaden die hinterlegte *Kaution* verwenden könnte. Aber Mieter, die ein derartiges Verhalten an den Tag legen, haben regelmäßig auch bereits die *Kaution* abgewohnt und sind nicht mehr greifbar. Anständige Hundehalter werden daher auf Mallorca stellvertretend in Sippenhaft genommen, indem man ihnen die Haltung von Hunden in Mietobjekten oft verweigert.

Aus unserer Erfahrung ist es schwierig, ein Objekt anzumieten, wenn man als Mieter seine Haustiere bereits bei der Vertragsverhandlung als zu groß darstellt. Bringen Sie Ihre Hunde nicht gleich zum *Besichtigungstermin* mit. Wir haben Hunde erlebt, die sofort ihren neuen Garten „wiedererkannt" und vorsichtshalber schon mal das Revier abgesteckt haben, indem sie während der Besichtigung länger auf drei als auf vier Beinen standen. Selbstverständlich können und sollten Sie Ihre Haustiere nicht verschweigen, aber Sie sollten Ihre lieben Kleinen geschickt umschreiben. Schließlich müssen Sie die Hunde nicht vor Vertragsunterzeichnung vorführen. Eine zwölf Jahre alte Hündin, die Tag und Nacht schläft macht sich besser als ein kampferprobter Dobermann. Wenn Sie jedoch selbst wie ein Eingeborener aus Papua-Neuginea, tätowiert bis über beide Ohren, herumlaufen, wird man Ihnen eher einen Kampfhund zutrauen, weil das besser zum Vorurteil passt.

Als wir damals nach Mallorca kamen, hatten wir Glück. Unser *Vermieter* hatte keine Bedenken, als wir unsere zwei mittelgroßen Hunde erwähnten. Die beiden haben gebellt, was das Zeug hielt. Aber das störte damals niemanden, weil in jedem

Vorgarten ein Hund auf der Lauer lag, der noch lauter bellen konnte, als die anderen.
Spanische Vermieter konnten bis heute viele Erfahrungen sammeln. Und wenn ein Vermieter die Wahl hat, nimmt er mit großer Wahrscheinlichkeit den Mieter ohne Hunde.

Heizkosten – *siehe Heizung und Heizsysteme*

Auf Mallorca bestellt der Mieter auf eigene Rechnung direkt Heizöl oder Gas. Die Bezahlung der Heizkosten ist auf Mallorca grundsätzlich anders geregelt als in Mittel- oder Nordeuropa. Eine Zentralheizung ist auf Mallorca fast immer eine individuelle Wohnungsheizung und nie eine zentrale Heizung in einem Keller eines Mietshauses, die sich mehrere Mieter teilen. Demzufolge rechnet jeder Mieter einer Wohnung seinen eigenen Verbrauch an Gas, Öl oder Strom für seine Art der Heizung mit dem jeweiligen Energielieferanten selber ab und nicht mit dem Vermieter. Damit erübrigt sich die Frage, ob die Miete auf Mallorca warm oder kalt ist. So manch ein Zyniker würden die Miete auf Mallorca als eiskalt bezeichnen.

Heizung und Heizsysteme – *siehe Heizkosten,Klimaanlagen*

Heutige Standards sollten immer eine Zentralheizung oder eine *Klimaanlage*, eine gute Wärmeisolierung und isolierverglaste Fenster sein. Moderne Villen und *Komfortwohnungen* in hochwertigen Appartementanlagen wurden in den letzten Jahren mit diesen modernen Heiz- und Isoliersystemen ausgestattet. Ein großer Teil der angebotenen Mietobjekte auf Mallorca liegt jedoch sehr weit hinter diesen Standards. Wohnungen und Häuser ohne moderne Heizsysteme sind hier nicht die Ausnahme sondern immer noch die Regel. Auch wenn mallorquinische Vermieter oft der Meinung sind, dass man auf Mallorca keine Heizung benötigt, ist es dennoch eine Tatsache, dass die Wintermonate ab November bis in den April hinein zum Teil empfindlich kühl werden können. Niemand möchte die kalten Tage in seiner Mietwohnung eingepackt in einer Wolldecke bei 13 Grad verbringen. Es ist wohl wahr, dass die durchschnittliche Temperatur am Tage in den kältesten Monaten Januar und Februar erheblich leichter auf Mallorca durch ein Heizsystem auf normale Innentemperatur gebracht werden kann, als dies in Nord-und Mitteleuropa der Fall ist. Wahr ist aber auch, dass diese relativ milde mallorquinische Kälte sehr feucht ist und subjektiv deshalb kälter empfunden wird, als sie es in Wirklichkeit ist. Achten Sie deshalb darauf, dass Sie zumindest eines oder eine Kombination der nachstehenden Heizsysteme in Ihrem neuen Zuhause vorfinden:

- Eine Öl- oder Gaszentralheizung ist die komfortabelste Form der Heizung mit einer leichten Handhabung und angenehmer Strahlungswärme. Dieses Heizsystem wurde auf Mallorca in den letzten Jahren vorwiegend als individuelle Gas-Etagenheizung in modernen *Komfortwohnungen* und als Ölzentralheizung in Häusern eingebaut. Meist findet man Wandradiatoren und selten Fußbodenheizungen vor.

- Klimageräte gibt es als Einzelgeräte oder als zentrale Klimaanlagen auf der Basis einer Wärmepumpentechnologie. Ältere Klimageräte sind nur für die Kühlung geeignet. Alle neueren Geräte lassen sich auch von Kühlung auf Heizung umschalten. Fragen Sie Ihren zukünftigen Vermieter bereits bei der Besichtigung, ob seine Klimageräte auch heizen können. Die Wärme eines Klimagerätes wird über Ventilatoren verteilt und ist nicht so angenehm wie die Strahlungswärme einer Zentralheizung, aber für eine schnelle Erwärmung der Raumtemperatur sind diese Anlagen hervorragend geeignet. Bei richtigem Einsatz haben moderne Anlagen einen vernünftigen Energieverbrauch. Wer sie jedoch rund um die Uhr laufen lässt, wird sein blaues Wunder erleben. Klimageräte haben auch den positiven Nebeneffekt der Luftentfeuchtung. Der Mensch fühlt sich immer dann wohl, wenn Temperaturen und Luftfeuchtigkeit sich in einem moderaten Bereich bewegen. Hohe Luftfeuchtigkeit wird als unangenehm empfunden. Klimageräte sorgen für ein angenehmes Raumklima, weil sie die Luft spürbar entfeuchten.

Alternativ zu fest installierten Einheiten gibt es mobile Raumklimageräte. Besonders interessant sind diese Geräte dann, wenn nur ein einzelner Raum oder eine kleine Wohnung beheizt oder gekühlt werden muss. Bewegliche Klimaanlagen lassen sich praktisch überall problemlos aufstellen. Sie verhalten sich sehr leise im Betrieb und sind extrem wartungsfreundlich. Ihr Installationsaufwand ist zudem so gering, dass sie bei einem Raum- oder Wohnungswechsel ohne weiteres mitgenommen und wieder aufgestellt werden können.

- Luftentfeuchter sind mobile oder fest installierte Geräte zur Senkung der absoluten Raumluftfeuchtigkeit. Obwohl sie kein Heizsystem sind, sollen sie hier erwähnt werden. Sie eignen sich hervorragend zur Unterstützung von diversen Heizsystemen. Durch ihren Einsatz können Folgeschäden von zu hoher Luftfeuchtigkeit, wie Pilz- und Schimmelbildung vermieden werden. Diese Geräte arbeiten nach unterschiedlichen Wirkprinzipien. Beim häufig verwendeten Kondensationsprinzip wird die Raumluft angesaugt, gefiltert, gekühlt (dadurch getrocknet) und ggf. wieder erwärmt in den Raum zurückgeführt. Das Kondenswasser wird in einem Behälter gesammelt.

- Deutliche Preissteigerungen bei Erdgas und Heizöl rücken die Elektroheizung zunehmend mehr in das Blickfeld der Wohnraumeigentümer und Mieter. Elektrische Heizgeräte mit guter Strahlungswärme oder Gebläse wurden schon immer in großer Vielfalt auf Mallorca angeboten. Die *Stromkosten* sind jedoch bei vielen dieser Geräte unakzeptabel hoch. Beliebte strombetriebene mobile Heizgeräte waren in der Vergangenheit die Ölradiatoren die sich zum Heizen kleinerer Räume eignen. In diesen Radiatoren, die heute noch im Handel sind, befindet sich Thermoöl, das durch Heizstäbe erhitzt wird. Das Öl wird gleichmäßig warm und die Abkühlung dauert länger. Ölradiatoren sind sehr unwirtschaftlich und deshalb nicht für große Räume geeignet.

- Alternativ zu dieser teuren Elektroheizvariante werden seit einigen Jahren Niedrig-Energie-Elektroheizungen immer beliebter. Diese Flachheizkörper-Speicherheizungen mit integriertem Thermostat und einem Schamotte-Speicher, der langes Nachheizen gewährleistet sind für das Klima der Insel ideal. Vor allem Eigentümer von älteren Mietobjekten nutzen die Vorteile dieser modernen Elektroheizgeräte, die problemlos an jede Wand nachträglich montiert werden können.

- Sehr beliebt sind vor allem in Wohnungen Heizsysteme mit Marmorplatten, die nach und nach, Raum für Raum unabhängig angebracht werden können. Marmorplatten werden im Plattenkern mit Widerstandsheizelementen bestückt und mit nicht sichtbaren Halterungen an der Wand befestigt. Marmor-Elektroheizungen bieten ab 600 Watt eine Wärme mit geringem Stromverbrauch. Durch die Nutzung der Marmorplatte als Wärmespeicher wird die Effizienz nochmals gesteigert. Bei erreichen der optimalen Oberflächentemperatur schalten die Wandheizungen selbstständig und lautlos ab und entsprechend wieder ein. Sie sind wartungsfrei, erzeugen eine gesunde langwellige Strahlungswärme und sind angeblich optimal für Asthmatiker und Allergiker.

- Eine kostengünstige Art der Heizung bieten Katalytöfen, die aber wegen ihrer offenen Flamme nicht ganz ungefährlich sind. Die Öfen werden im Handel ab 100 € angeboten. Die Gasflasche, die ziemlich schwer ist, hält ungefähr eine Woche und kostet derzeit 11 €. Ein Katalytofen verbrennt Flüssiggas. Er ist ein mobiles Kompaktheizgerät mit integrierter Flüssiggasflasche im Gehäuse. Diese Heizgeräte sind in Deutschland selten im Einsatz und werden dort hauptsächlich im Freizeitbereich wie beispielsweise beim Camping oder in Schrebergärten verwendet. Auf Mallorca dagegen haben diese Öfen Tradition. Allerdings sollten diese Heizgeräte nur in gut gelüfteten Räumen benutzt werden. Wird ein Katalytofen in einer geschlossenen Wohnung oder in einem geschlossenen kleinen Raum eingesetzt, so wird das bei der Verbrennung entstehende Abgas direkt in den Wohnraum abgegeben, weil sie nicht an den Schornstein angeschlossen werden können. Auch die zur Verbrennung notwendige Luft wird dem Raum entnommen. Wenn nicht genügend Luftaustausch mit der Aussenluft stattfindet, kann es in Extremfällen zu Vergiftungen kommen. Diese Öfen fördern außerdem die Feuchtigkeitsbildung im Raum.

- Offene Kamine finden Sie in allen *Fincas*, in fast allen Häusern und gelegentlich auch in modernen Wohnungen.

Sie dienen in älteren Mietobjekten oft als einziges Heizsystem. Ein offenes Feuer bietet zwar ein schönes Ambiente, hat aber einen geringen Wirkungsgrad und muss deshalb an kalten Tagen durch zusätzliche Heizsysteme ergänzt werden. Eine elegante Lösung um die Wirksamkeit eines offenen Kamins um das vielfache zu erhöhen sind Kamineinsätze mit Glastür und Gebläse. Der Brennstoff verbrennt in der Kassette effizienter und die erwärmte Luft wird über das Gebläse im Raum verteilt und sorgt für eine trockene und angenehme Raumtemperatur.

- Neben Kamineinsätzen kommen auch die guten alten Holzbrennöfen zunehmend wieder zum Einsatz. Die gesunde und natürliche Wärme von modernen Holzöfen bietet große Vorteile und überraschend hohe Leistung. Allerdings sind die Kosten für qualitativ hochwertiges Holz auf Mallorca sehr hoch, es sei denn, Sie legen sich eine Motorsäge zu.

Hinterher-Nachmess-Spielchen – *siehe Konstruktionsfläche*

In Deutschland kann unter Umständen eine *Mietminderung* bei abweichender Wohnungsgröße erfolgen, wenn die Flächendifferenz erheblich ist und die Gebrauchstauglichkeit der Wohnung durch die geringere Wohnfläche beeinträchtigt wird. In Spanien werden Sie bei den Gerichten damit keinen Erfolg haben, weil Sie in einem *Mietvertrag* nie Quadratmeter-Angaben finden. Eine Flächenangabe gehört nicht zu den Bestandteilen eines spanischen *Mietvertrages*. Auf das hinterher-Nachmess-Spielchen muss sich in Spanien deshalb kein Vermieter einlassen.

Die einzige objektive Grundlage für einen *Mietvertrag*, den Sie und der Vermieter guten Gewissens in Spanien unterschreiben können, ist deshalb eine *Besichtigung* vor Ort.

Aufgrund der Besonderheiten des *spanischen Mietgesetzes* verzichten die meisten Vermieter auf einen Vertrag, wenn der zukünftige Mieter das Mietobjekt vorher noch nicht besichtigt hat, weil deutsche Mieter oft eine andere Vorstellung von der Fläche und der Soll-Qualität einer Liegenschaft haben, als sie hinterher vorfinden. Die spanischen Vermieter wissen von dieser Diskrepanz und hüten sich vor Zusicherungen in Verträgen, weil mit ihnen der Ärger programmiert ist.

Folgende Anekdote, die typisch deutsche Charakterzüge offenbart, haben wir zu diesem Thema im Internet gefunden. Herr Peter K. schreibt:
„Ich habe eine Obergeschosswohnung in einem Dorfhaus bezogen. In der Anzeige des deutschen Vermieters auf Mallorca stand circa 50m² für 500 € Miete. Daraufhin hatte ich zugesagt, weil auch Hunde erlaubt waren. Im Mietvertrag steht jetzt folgendes: Fläche ca. 50m². Dann habe ich mal gemessen, und komme genau auf 42,5m² Wohnfläche. Das stimmt, ich kann messen. Was für Möglichkeiten habe ich jetzt, da ich die Wohnung ja aufgrund dieser 50m² gemietet habe? Laut durchschnittlichen Mietpreisen im Ort zahle ich über 4 € pro m² mehr als normal. Es hat sich herausgestellt, dass meine Nachbarn auch alle Probleme mit meinem Vermieter haben. Er ist leider nie greifbar, weil er wohl immer am arbeiten ist. Wie kann ich nun also vorgehen, was kann ich machen? Vielen Dank!"

Man kann bei diesem Beispiel wohl davon ausgehen, dass der deutsche Vermieter auf Mallorca mit 50m² die Wohnfläche der Wohnung im Auge hatte, die er aber selbst nie nachgemessen hat. Ein spanischer Vermieter hätte in solch einem Fall keine Probleme, seinem Mieter zu erklären, dass sich die 50m² auf die *Konstruktionsfläche* beziehen und die ist um einiges größer als eine deutsche Wohnfläche und in Spanien verbindliches Flächenmaß.

Instandhaltung – *siehe Reparaturkosten*

International Bank Account Number (IBAN) – *siehe Auslandsüberweisungen*

Internationale Privatschulen – *siehe Privatschulen und staatliche Schulen*

Internet – *siehe Suche nach Langzeitmietobjekten im Internet*

Internet-Anschluss – *siehe kabelloser high-speed Internetzugang*

Mit Asymmetric Digital Subscriber Line (ADSL, asymmetrischer, digitaler Teilnehmer-Anschluss) wird die zur Zeit häufigste Anschlusstechnik von Breitbandanschlüssen für Konsumenten bezeichnet. Sie wurde auf Basis der DSL-Technik mit der Maßgabe entwickelt, über die vorhandene Telefonanschlussleitung zu funktionieren, ohne die Telefonate über den Festnetzanschluss zu beeinträchtigen, und gleichzeitig den meist asymmetrischen (ungleichen) Datenratenbedürfnissen der Privatkunden nach höherer Empfangs- als Sendedatenrate nachzukommen.
Obwohl der Internetzugang auf Mallorca technisch fast überall mit ADSL verfügbar ist, sollten Sie vorher immer abklären, ob das bei Ihrem Mietobjekt der Fall ist. In ländlichen Gebieten hilft

heute meist problemlos ein *kabelloser high-speed Internetzugang.*

Ab sofort können Sie als Mieter auf Mallorca ihr Büro auch zeitweise an den Strand verlegen und dort im Internet arbeiten und ihre emails versenden. Dazu brauchen Sie ein Notebook oder ein W-Lan-fähiges Mobiltelefon und einen Liegestuhl. An immer mehr Stränden und Orten Mallorcas gibt es inzwischen W-Lan-Zonen (wifi), die rund um die Uhr einen kostenlose Internetzugang ermöglichen. Mallorcas Gemeinden rüsten derzeit auf. Der Wifi-Service soll nach und nach an allen größeren Stränden eingerichtet werden. Bereiche die bereits mit kostenlosem W-Lan Internetzugang ausgerüstet wurden finden Sie in:

- Alcúdia
- Cala Millor
- Son Servera
- Es Carregador
- Magalluf
- *Santa Ponsa*
- Paguera
- Illetas
- Portals Nous
- Paseo Marítimo

Inventarliste – *siehe Schlüsselübergabe, möblierte und unmöblierte Mietobjekte*

Ihrem *Mietvertrag* sollte eine schriftliche Inventarliste beigefügt sein, die von beiden Mietparteien vorzugsweise am Tage der *Schlüsselübergabe* unterschrieben wird. Die elektronische Bestandsaufnahme mit Hilfe einer Digitalkamera kann zusätzlich hilfreich sein, um qualitative Mängel im Vorfeld festzuhalten, vor allem wenn Sie Mobiliar übernehmen, das nicht neu ist und bereits Gebrauchsspuren aufweist.

Kabelloser High-Speed-Internetzugang – *siehe Internetanschluss*

Wo immer Sie auf den *Balearen* wohnen oder sich aufhalten und kein schneller Breitband-Internetgang vorhanden ist, kann ein kabelloser Hochgeschwindigkeits-Internetzugang derzeit am besten mit der UMTS-Technologie realisiert werden. UMTS steht für „Universal Mobile Telecommunications System". Mobiles Internet mit UMTS gibt Ihnen die Möglichkeit, das gesamte Internet auf einem MID (Mobile Internet Device) zugänglich zu machen. Aufgrund der Erweiterung mit HSDPA können können Sie mit maximal 7,2 Mbit/s Download und maximal 1,45 Mbit/s Upload im Internet surfen. High Speed Downlink Packet Access (HSDPA) ist ein Übertragungsverfahren des Mobilfunkstandards UMTS, das auch als 3G oder auch schon als 3.5G bezeichnet wird. Die Entwicklung und Einführung des Datenbeschleunigers HSDPA realisiert Download-Datenraten über UMTS im Mobilfunknetz, die denen eines ADSL-Breitband-Internet-Anschlusses gleichkommen. Die hohe Übertragungsgeschwindigkeiten dieses Verfahrens macht damit den Download von sehr großen Datenmengen ohne Kabel- oder WLAN-Verbindung möglich, vorausgesetzt der Nutzer hält sich in einer ausreichend versorgten Region auf und verwendet entsprechende Hardware. Diese Hardware (UMTS-Dongle) in Form eines USB-Sticks können Sie bei Vodafone kaufen. Wenn Sie vorher testen wollen, ob in Ihrer Region UMTS verfügbar ist, so ist dies auch möglich, indem Sie sich ein so genanntes Leihmodem holen. Dieses erhalten Sie ebenfalls bei Vodafone gegen eine Kaution von 100 €. Sollten Sie keinen Vertrag mit Vodafone haben, müssen Sie zusätzlich 20 € auf dieses Leihmodem aufladen lassen.

Dank UMTS/HSDPA können Fotoreporter, Journalisten, Firmen und Haushalte außerhalb vom Breitband-Internetzugang heute mit einer dem ADSL vergleichbaren Geschwindigkeit im Internet surfen. Zum mobilen Surfen benötigt man eine UMTS-Datenkarte. Eine UMTS-Karte stellt die Verbindung zwischen einem MID-fähigem Gerät wie etwas PC, Notebook, Netbook, Smartphone oder Handy und dem Internetdienstanbieter (Internetprovider) unter Nutzung des UMTS-Mobilfunknetzes her.

Mit UMTS kann der Nutzer online sein und gleichzeitig telefonieren, emails empfangen, eine Datei herunterladen oder im Internet surfen. UMTS mit HSDPA wird derzeit von Vodafone auf Mallorca zur Verfügung gestellt. Es werden auch bereits Komplettsysteme mit Hochleistungsantennen für den störungsfreien Einsatz im mediterranen Klima mit hoher Betriebssicherheit, Stabilität, höchstmöglichen Datenraten und Zuverlässigkeit angeboten, mit denen Sie überall auf den *Balearen*, auf Ihrer *Finca* oder Ihrer Yacht einen kabellosen High-Speed-Internetzugang nutzen können.
Der Zugang ist im ganzen Haus oder auf einem Schiff mit einem oder mehreren Computern sowohl mit Kabel als auch Wireless (WiFi) nutzbar.

Kaltmiete – *siehe Bruttomiete, Nettomiete, Gemeinschaftskosten*

Die Kaltmiete oder auch *Nettomiete* bezieht sich im deutschen Sprachgebrauch auf den Teil der Miete, der allein die Raumnutzung abdeckt. In der Regel wird auf Mallorca demnach für Häuser regelmäßig eine *Nettomiete* verlangt und der Mieter ist für alle individuellen und messbaren Verbräuche selber zuständig. Bei Appartements in Wohnanlagen sind in der Mietforderung meistens die *Gemeinschaftskosten* für den Erhalt und Betrieb der Anlage enthalten. Die *Miete* für Appartements ist dennoch keine Warmmiete im deutschen Sinne, weil der Mieter fast immer für sein Heizsystem selber sorgen und nach Verbrauch zahlen muss.

Katalanisierung – *siehe Balearen, Sprachen auf Mallorca*

Mit der mallorquinischen Sprache werden ausländische Besucher bereits bei der Einreise auf dem neuen internationalen Flughafen Son San Juan konfrontiert, wo Hinweisschilder vor Englisch und Hochspanisch in der einheimischen Sprache beschriftet sind, die nur geschätzte 600.000 Menschen sprechen. Obwohl Mallorcas Flughafen zu 80 Prozent aus Mitteln der EU finanziert wurde, wovon 60 Prozent aus deutschen Steuergeldern stammen, und obwohl jährlich weit über 3 Millionen deutschsprachige Touristen sich hier zurechtfinden müssen, gibt es keine Hinweisschilder auf deutsch. Es gibt Leute, die bezeichnen so etwas als Arroganz und andere würden sagen, dass hier der wirtschaftliche Weitblick fehlt. Wer seinen Milchkühen nicht zeigt, wo sich das eigene fette Gras befindet, der darf sich nicht wundern, wenn sie sich früher oder später am Gras der Nachbarwiesen vergreifen.

Mit der Bevorzugung der eigenen Sprache soll bewußt die in der Franco-Zeit unterdrückte Eigenständigkeit der *Balearen* betont werden. Im Inselinnern kann es schon mal vorkommen, dass Sie ein Einheimischer einfach nicht verstehen will, wenn Sie ihn auf Hochspanisch ansprechen. Diese Einfältigkeit steht im Einklang mit der Position der Regierung der *Balearen*. Ausländischen Residenten wird deshalb nachdrücklich empfohlen, sich zu integrieren, indem sie Catalán lernen. Die offizielle Begründung ist einfach: Mallorca ist in erster Linie eine autonome Provinz und erst in zweiter Linie Spanien. Ähnliche Worte hört man in Deutschland auch aus Bayern, und unter vorgehaltener Hand freut sich jeder Deutsche heute schon auf die ersten Schulbücher in bayrischer

Sprache, denn dann wäre der innerdeutsche Wahnsinn zum ersten Mal in der Geschichte so richtig komplett und der Bundestag kann von den beliebtesten Komikern der Nation übernommen werden, angeführt von Otto Waalkes in der Rolle des ostfriesisch sprechenden Kanzlers.

Bei der Frage, welchen Stellenwert die beiden offiziellen Amtssprachen auf den *Balearen* einnehmen sollen, ist die Bevölkerung auf den Inseln in zwei zerstrittene Lager geteilt. Die eine Seite besteht beharrlich auf die Bewahrung eines Kulturguts, dessen Gebrauch unter Franco verboten war, und fordert die konsequente Unterstützung der katalanischen Sprache in allen Lebensbereichen. Die andere Hälfte der Bevölkerung ist nicht katalanischsprachigen Ursprungs und bevorzugt dagegen, allerdings weniger verbissen, Hochspanisch (Castellano) als Umgangssprache.

Obwohl Castellano und Catalán (mallorquí/catalán) auf Mallorca als gleichberechtigte Amtssprachen gedacht waren, erfolgen dennoch die offiziellen Bekanntmachungen der Inselregierung heute zunehmend nur noch in Catalán. Dies gilt vor allem für amtliche Formulare mit der Folge, dass selbst Festlandspanier bei Behördengängen sich wie Fremde im eigenen Land fühlen. Behördliche Formulare und Informationen die ausschliesslich in Catalan verfasst sind, diskriminieren eindeutig alle Ausländer aber auch, und das ist der eigentliche Hohn, Castellano sprechende Spanier vom Festland.
Die in der EU vorgeschriebene Niederlassungsfreiheit beschneidet demzufolge vor allem zugewanderte Selbständige bei der Ausführung ihrer Geschäfte und Berufe auf Mallorca, denn hunderte, wenn nicht gar schon tausende unsinnige Vorschriften der Autonomieregierung in Barcelona und der Balearenregierung in Palma zur Katalanisierung des Lebens- und Wirtschaftsalltags bauen schier unüberwindbare Hürden auf.

Die Katalanisierung des öffentlichen Lebens und insbesondere des Schulwesens ist derzeit in gleicher Weise ein sehr kontrovers diskutierte Thema auf Mallorca. Allergrösste Probleme ergeben sich im Bereich der *Schulen* und der Universitäten. 70 Prozent des Unterrichts sollen zukünftig auf Katalan und jeweils 15 Prozent auf Spanisch und Englisch abgehalten werden. Die Hochsprache Spaniens wird demzufolge in Zukunft auf den *Balearen* wie eine Fremdsprache behandelt, obwohl mit Catalan ausserhalb der *Balearen* und Kataloniens absolut nichts anzufangen ist.

Den größten Schildbürgerstreich leistete sich in diesem Sprachendilemma die Zeitung "El Periódico de Catalunya". Sie rief alle Katalanen zum Boykott von Air-Berlin auf, weil diese deutsche Fluggesellschaft sich ernsthaft weigerte, Katalan als internationale Bordsprache einzuführen.
Als Folge des Sprachenstreits wurde im Jahre 2008 sogar kurzerhand der Aufstand geprobt. Mallorcas Krankenhausärzte haben gegen die Zwangskatalanisierung in den Krankenhäusern aufs schärfste protestiert und sich bis auf weiteres durchgesetzt.

Die mallorquinische Zwangskatanisierung wird jedoch auch zunehmend schonungslos aus den eigenen Reihen kritisiert. Wichtige Persönlichkeiten der mallorquinischen Geschäftswelt haben sich entschieden dagegen ausgesprochen und ein Umdenken in der malloquinischen Gesellschaft gefordert, damit die Wirtschaftskraft Mallorcas nicht auf der Strecke bleibt. Mallorquiner müssen sich dessen bewusst werden, dass ihre Wirtschaft vom Tourismus abhängt. Tourismus hat viel mit Gastfreundschaft zu tun, und Touristen erwarten, wenn sie schon von ihren Gastgebern nicht geliebt werden, zumindest eine anständige Serviceleistung für ihr Geld und dazu gehört auch, dass man ihnen Verständnis entgegenbringt und nicht verweigert. Wer diese einfachen Zusammenhänge nicht begreift, spielt mit der Zukunft nachfolgender Generationen auf den balearischen Inseln.

Gegen die Katalanisierung der mallorquinischen Behörden regt sich inzwischen auch internationaler Widerstand. So haben sich vierzehn Konsulate von Belize, England, Frankreich, Holland, Italien, Kolumbien, Mexiko, Norwegen, Peru, Philippinen, Polen, Schweden, Ungarn und den Vereinigten Staaten von Amerika, mit einer gemeinsamen Protestnote an die Ministerin für Immigration der Balearenregierung, gewandt, damit das Recht auf Zweisprachigkeit auf den *Balearen* nicht durch die bestimmenden Überzeugungen der Catalan Anhänger ausgehebelt wird.

Die meisten Deutschen und wahrscheinlich auch die anderen auf Mallorca lebenden Ausländer stehen mit der mallorquinischen Sprache ohnehin auf Kriegsfuß. Lediglich 17 Prozent der deutschen Residenten geben an, ein wenig Mallorquín zu sprechen, aber über 80 Prozent können sich zumindest mehr oder weniger auf Hochspanisch unterhalten.

Kaufoption – *siehe Mietkauf*

Kaution - *siehe Mietkaution, Mietsicherheit*

Die gesetzlich vorgeschriebene Art der *Mietsicherung* ist in Spanien die Kaution (fianza). Unter einer Mietkaution versteht man die Leistung eines Geldbetrages durch den Mieter an seinen Vermieter zur Absicherung von Forderungen des Vermieters an den Mieter, die aus dem Mietverhältnis entstehen können. Dazu können Mietforderungen, *Nebenkosten* und Reparaturleistungen am Ende des *Mietverhältnisses*, sowie Schadensersatzansprüche und Prozesskostenansprüche gehören.

In einem spanischen *Mietvertrag* könnte dieser Sachverhalt wie folgt dargestellt werden: „Die rechtsgültige Mietkaution verbleibt während der gesamten Laufzeit des vorliegenden Vertrages in der Verfügungsgewalt des Vermieters. Sie dient der Abdeckung von Ansprüchen des Vermieters aus diesem Vertrag, nämlich einerseits der Abdeckung von möglichen Schäden, für die der Mieter verantwortlich zu machen ist (davon ausgenommen ist die gewöhnliche Abnutzung), und andererseits kann sie bei Nichtzahlung der *Miete* herangezogen werden, oder sie dient als finanzieller Ausgleich jeder anderen Schadensverursachung, die sich durch dieses Mietverhältnis ergeben kann und die dem Mieter anzulasten ist".

Die Mietkaution wird im *spanischen Mietgesetz* im Artikel 36 geregelt. Der Mieter ist, anders als in Deutschland, in Spanien gesetzlich verpflichtet, eine Kaution bei Vertragsabschluss zu zahlen, und zwar in Höhe einer Monatsmiete bei unmöbliertem Wohnraum. Ist der Wohnraum möbliert, verlangen Vermieter regelmäßig zwei Monatsmieten Kaution.

Eine Kaution ist vereinbart, wenn der Mieter sich bei der Unterzeichnung des *Mietvertrage*s verpflichtet, dem Vermieter einen bestimmten Geldbetrag in bar zu übergeben. Laut *Mietgesetz* ist die Leistung der Kaution in bar bei Vertragsabschluss verpflichtend.

Bei ausländischen Mietern, die ohne große Barsummen anreisen und einen *Mietvertrag* unterschreiben, wird oft eine *Auslandsüberweisung* der Kaution innerhalb einer bestimmten Frist vereinbart. Bei der nachträglichen Zahlung der Kaution auf ein Konto des Vermieters enthält der *Mietvertrag* in diesem Falle die Klausel, dass der Vertrag erst bei Eingang des Geldes in voller Höhe in Kraft tritt. Diese Vereinbarung ist jedoch nicht ganz unproblematisch. Falls der Mieter die Kaution nämlich nicht überweist, ist das Mietverhältnis dennoch zustande gekommen, und der Vermieter müsste die Zahlung der Kaution bei Nichtzahlung dann einklagen.

Ursprünglich hatte der Gesetzgeber den sozialen Mieterschutz im Auge, aber die Praxis in der heutigen Zeit sieht ganz anders aus: Vermieter auf Mallorca verlangen immer öfter, insbesondere von ausländischen Mietern, eine Kaution in Höhe von zwei und sogar drei und mehr Monatsmieten. Aus Sicherheitsgründen geben sich Vermieter nicht mehr mit gesetzlichen Kaution zufrieden, wobei es ihnen egal ist, ob sie den Wohnraum *möbliert*, teilmöbliert oder unmöbliert anbieten. Der Grund dafür ist mangelndes Vertrauen des Vermieters in einen ausländischen Mieter, der sich ohne Konsequenzen aus dem Mietverhältnis vor Ablauf der gesetzlich geregelten *Mindestmietdauer* von 12 Monaten ohne Vorwarnung verabschieden kann und in sein Heimatland zurückkehrt. Ein vertragsbrüchiger Mieter ist danach für den Vermieter praktisch nicht mehr greifbar. Eine derartige Nacht-und-Nebel-Aktion des Mieters ohne Schäden für den Vermieter ist dabei nicht das Problem, denn er kann sein Mietobjekt sicher schnell wieder vermieten. Ärgerlich wird es für den Vermieter, wenn sein geflüchteter Mieter mit hohen Mietrückständen, unbezahlten *Nebenkostenrechnungen* und Schäden an der Mietsache und den Möbeln das Land ohne Vorwarnung verlassen hat. In solch einem Fall macht der Vermieter bestenfalls keinen Verlust, schlimmstenfalls fehlen ihm einige Monatsmieten, und er darf auch noch die unbezahlten *Nebenkosten* seines ehemaligen Mieters begleichen.
Da inzwischen die meisten Vermieter auf Mallorca aus Erfahrungen wissen, dass *Mietverträge* vorzeitig aufgelöst werden können, versuchen sie, das Vermietungsrisiko durch hohe Kautionen abzufedern. Im *Mietvertrag* wird diese vom Gesetz abweichende Kautionszahlung oft als zusätzliche Garantie umschrieben.

Aus Sicht des Vermieters ist der vorzeitige Ausstieg verbunden mit dem Abwohnen der Kaution ganz klar ein Betrug. Dabei stellt der Mieter ein, zwei oder drei Monate je nach Höhe seiner eingezahlten Kaution vor Ende seines *Mietvertrages* die *Mietzahlungen*

einfach ein und besteht darauf, dass der Vermieter die einbehaltene Kaution ersatzweise für die nicht gezahlte *Miete* verwendet. Diese Art der Zahlungsverweigerung hat sich mittlerweile auf Mallorca herumgesprochen und wird in bestimmten Mieterkreisen zunehmend als Kavaliersdelikt gehandelt.
Aus der Perspektive des flüchtigen Mieters ist der vorzeitige Ausstieg aus dem *Mietvertrag* verbunden mit dem Abwohnen der Kaution meisten auch mit der Angst verbunden, dass sein Vermieter ihm möglicherweise die Kaution nicht zurückerstattet. Viele Vermieter haben in der Tat die Kaution am Ende des *Mietvertrages* nie zurückgezahlt.
Rechtlich lassen sich diese Dinge im Nachhinein meistens nicht mehr regeln, weil einerseits ein Vermieter aus Kostengründen einen ehemaligen ausländischen Mieter über die Staatsgrenzen hinaus gerichtlich nicht verfolgen lässt, und weil andererseits ein Mieter, der sich wieder im Heimatland befindet, seine nicht zurückerstattete Kaution aus den gleichen Kostengründen nicht mehr einklagen wird.

Nach Beendigung des Mietverhältnisses ist die Kaution im Normalfall innerhalb eines Monats nach der *Schlüsselübergabe* an den Mieter zurückzuerstatten, vorausgesetzt das Mietobjekt ist schadenfrei. Beim Übergabetermin sollte die Schadenfreiheit festgestellt und protokolliert werden. Die Rückzahlung der Kaution erfolgt grundsätzlich ohne Zinsanspruch. Kommt der Vermieter jedoch mit der Rückzahlung in Verzug, kann der Mieter den gesetzlichen Zins aufschlagen.

Eine pragmatische Besonderheit ergibt sich für Kautionsforderungen auf Mallorca in den Sommermonaten. Wenn die warme Jahreszeit naht, werden aus Mietwohnungen und Häuser nicht selten kurzerhand Ferienunterkünfte und aus Langzeitvermietungsplänen von Eigentümern werden in dieser Zeit oft lukrative *Ferienvermietungen.* Je wärmer es wird, desto schneller schwindet das

Interesse der Eigentümer, ihren Wohnraum Langzeitmietern zu überlassen. Es besteht während der Sommermonate von Mai bis September deshalb die Tendenz, in einer Woche von einem Feriengast die *Miete* zu kassieren, die man sonst bei normaler *Langzeitmiete* für einen Monat bekommen würde. Da aber kein Vermieter weiss, ob er sein Mietobjekt auch regelmäßig an Urlauber vermieten kann, fahren einige Vermieter zweigleisig. Sie bieten Ihr Objekt gleichzeitig langfristig und kurzfristig an und nehmen, was immer sich Ihnen bietet. Wenn Sie jetzt beispielsweise im Juni einen *Langzeitmietvertrag* mit einer gleich bleibenden *Miete* für den gesamten Vertragszeitraum unterschreiben möchten, dann unterstellen einige Vermieter, dass Sie möglicherweise, gar nicht vorhaben, das ganze Jahr zu mieten, sondern dass Sie nur besonders preiswert den Sommer auf Mallorca verleben möchten. Damit der Trick mit einer verdeckten Urlaubsanmietung nicht gelingt, sind pfiffige Vermieter auf die Idee gekommen, in den Sommermonaten die Kautionsforderungen in ihren *Langzeitmietverträgen* drastisch, beispielsweise auf fünf Monatsmieten, zu erhöhen. Im Herbst wird dann die zu viel gezahlte Kaution an den Mieter zurückgegeben. Sollte ein Mieter beispielsweise nach zwei Monate aus „Feriengründen" seinen *Langzeitmietvertrag* vorzeitig beenden, wird er fünf Monatsmieten Kaution verlieren und hat somit für die beiden Monate insgesamt sieben Monatsmieten gezahlt.

Abschliessend ist zum Thema Kaution folgendes zu sagen. Sie sollten bei Ihren Mietplänen auf Mallorca nur mit Fachleuten zusammenarbeiten, die das *spanische Mietgesetz* und seine Tücken kennen. Klopfen Sie unbedingt vorher ab, ob Ihr Gesprächspartner diese Kenntnisse besitzt. Nicht selten haben wir erlebt, dass privat abgeschlossene *Mietverträge* spätestens bei der Kautionsauseinandersetzung zur Katastrophe wurden, weil ausländische Mieter den Abschnitt über die Kaution im *spanischen Mietgesetz* entweder gar nicht kannten, mit dem deutschen Mietgesetz verwechselt hatten oder bereits bei Vertragsabschluss falsch informiert oder gar getäuscht worden sind.

Kleinreparaturen – *siehe Reparaturen während des Mietverhältnisses*

Klimaanlage – *siehe Heizung und Heizsysteme*

Komfortwohnungen – *siehe Langzeitmiete, qualitativ hochwertige Mietobjekte*

Dieses Buch entstand in einer Zeit, als die *Mietpreise* des kaum entwickelten Marktes für *Langzeitmietobjekte* auf Mallorca in einer rasanten Kurve bildlich gesprochen von Null auf Hundert explodierten und sich bereits nach zwei euphorischen Jahren in einer ähnlichen Kurve preislich wieder zurück entwickelten.
Ein großer Teil des Mietmarktes verwandelte sich schließlich von einem überzogenen *Vermietermarkt* in einen verhandlungsbereiten *Mietermarkt.* Ein kleiner Teil dieses Marktes, nämlich der Markt mit den *qualitativ hochwertigeren Mietobjekten*, das heißt mit den Objekten, die eigentlich für die meisten ausländischen Nachfrager interessant sind, bewegte sich dagegen kaum. Diese Situation führte zu der falschen Einschätzung, dass es auf Mallorca Mietobjekte „ohne Ende" gibt . Mein chinesischer Freund sagte dazu einmal sehr treffend: „Good house no cheap, cheap house no good" (ein gutes Haus ist nicht billig und billige Häuser sind nicht gut). Damit hatte er den Markt für *Langzeitmiete* auf Mallorca treffend beschrieben.

Wir hören immer wieder von ausländischen Mietinteressenten, dass das Mietangebot auf Mallorca unglaublich gross sein müsse. Das stimmt, aber es ist unter dem Gesichtspunkt der Qualität der angebotenen Mietobjekte dennoch eine Fehleinschätzung. Im Jahre 2008 gab es zu jedem Zeitpunkt auf der Insel durchschnittlich 2.500 Mietangebote. Die erste Fehleinschätzung ist, dass sich hinter dieser Zahl auch sehr viele verdeckte *Ferienvermietungsangebote* verstecken. Die zweite Fehleinschätzung beruht auf der Tatsache der nicht sichtbaren Qualität eines Mietangebotes, wenn es in den Printmedien erscheint. Wenn Sie die Spreu vom Weizen getrennt haben, werden Sie feststellen, dass das verbleibende Angebot für Sie meist auf eine Handvoll brauchbarer Mietobjekte zusammenschrumpft, die den Kriterien einer *qualitativ hochwertigen Komfortwohnung* standhalten. Wenn Sie ein Mietobjekt im vierten Stock ohne *Heizung* und mit Blick auf die Wand des Nachbargebäudes noch als Komfortwohnung bezeichen, haben Sie natürlich recht und die Anzahl der Mietobjekte, die für Sie in Frage kommen, scheint unbegrenzt hoch zu sein. Wir haben jedoch auch Leute kennen gelernt, die sich über 30 Mietwohnungen angesehen haben und heute immer noch nicht auf Mallorca wohnen, weil sie für 1.000 € nicht den erwarteten Komfort finden konnten.

Konstruktionsfläche – *siehe Wohnfläche*

Eine verhängnisvolle Fehldeutung, die Mietern aus dem deutschsprachigen Raum in Spanien immer wieder begegnet, ist die spanische Flächenangabe für Mietobjekte. *Flächenangaben von Häusern und Wohnungen* beziehen sich in Spanien grundsätzlich auf die Konstruktionsfläche (superficie construida) und nicht auf die *Wohnfläche.*

Die spanische Konstruktionsfläche ist in etwa mit der deutschen *Bruttogeschossfläche* vergleichbar und um einiges größer als die *Wohnfläche.*

Ausschlaggebend für die Höhe der erzielbaren *Miete* ist in Spanien die Summe folgender Faktoren: die Anzahl der Schlafzimmer

und Bäder, die Ausstattung, die Lage und die Konstruktionsfläche. Eine Netto-Wohnfläche nach deutschen Richtlinien ist in Spanien unbekannt.
Wenn wir ein Haus mit einer 300m² Konstruktionsfläche besichtigen, werden wir deshalb oft von unserer deutschsprachigen Kundschaft gefragt, ob es sich um das gleiche Haus handelt, das wir angeboten haben. Schlimmstenfalls wird uns Bauernfängerei unterstellt. Da wir aber auch spanische Mietinteressenten betreuen, müssen wir uns nach den Gepflogenheiten des Landes richten.

Als Konstruktionsfläche bezeichnet man in Spanien einerseits die außen gemessene Fläche aller Gebäudegeschosse. Gebäude werden von Außenwand zu Außenwand und nicht wie bei der *Wohnfläche* von Innenwand zu Innenwand gemessen.
Die Konstruktionsfläche umfasst andererseits die gesamten Gebäude- und Freiflächen. Dazu gehören Flächen mit Gebäuden (Gebäudeflächen) sowie unbebaute Freiflächen, die zweckmäßig den Gebäuden untergeordnet sind. Zu den unbebauten Flächen zählen *Swimmingpools*, Garagen, Terrassen, Vor- und Hausgärten, Spiel- und Stellplätze, Hofräume sowie Lager-und Abstellflächen.
Bei Wohnungen werden zu den Quadratmetern der privat genutzten Fläche der Wohnung anteilig auch die Gemeinschaftsflächen, wie beispielsweise die Flure, die Treppenhäuser, die Innenhöfe, die Lüftungsschächte und die Tiefgaragen mit eingerechnet.
Im Klartext bedeutet das, von einer 100m² großen spanischen Konstruktionsfläche bleiben effektive zwischen 60 und 75m² deutsche Nettowohnfläche übrig.
Basierend auf der Konstruktionsfläche werden in Spanien die *Gemeinschaftskosten* für Wohnungen und Häuser in Wohnanlagen berechnet und umgelegt. Als offizielle Flächenangabe für alle Lie-

genschaften wird im spanischen Grundbuch (Registro de la Propiedad) die Konstruktionsfläche eingetragen.

Oft wird in letzter Zeit neben der Konstruktionsfläche auch die Wohn-Nutzfläche (superficie útil) genannt. Als Wohn-Nutzfläche wird die Summe aus Wohnfläche und Nutzfläche, also die Gesamtfläche des Mietobjektes bezeichnet. Während die reine *Wohnfläche* sich nur auf die Räume bezieht, die ausschließlich dem Wohnen dienen, ist die Nutzfläche der zusätzliche Teil, der sich nicht zum ständigen Wohnen eignet, wie beispielsweise überdachte Terrasse, Balkone, Kellerräume, Dachböden, nicht ausgebaute sonstige Räume oder Abstellräume.
Möglicherweise wird sich die Wohn-Nutzflächenbezeichnung auch in Spanien durchsetzen, weil man sie sich im Gegensatz zur Konstruktionsfläche besser für den Wohnraumvergleich vorstellen kann.
Bei der ganzen Diskussion sollte jedoch nicht vergessen werden, dass Spanien ein Land von Wohnraumeigentümern ist und die Konstruktionsfläche einer Immobilie sich am besten für den Vergleich mit anderen Immobilien eignet. Die *Wohnfläche* dagegen ist sinnvoll, weil sie einem Mieter den besten Vergleich von Wohnraummöglichkeiten bietet.

Kündigungsfrist – *siehe Mietdauer und Kündigung*

Landhäuser – *siehe Fincas auf Mallorca*

Langzeitmiete – *siehe Langzeitvermietung, Dauermiete, Vermietung von Wohnraum*

Als *Langzeitvermietung* wird heute in Spanien das bezeichnet, was beispielsweise in Deutschland landläufig in die Rubrik „Mieten" fällt. Die Langzeitmiete ist in Spanien im Gegensatz zur kurzfristigen *Ferienvermietung* im *spanischen Mietrecht* geregelt. Die *Ferienvermietung* kommt ohne *Mietverträge* aus und unterliegt dem *spanischen bürgerlichen Gesetzbuch*, dem Codigo Civil. Eine Sonderstellung bilden die *Saisonmietverträge* im Mietrecht, die ebenfalls kurzfristiger Natur sind.

Die langfristige *Vermietung von Wohnraum* war bis vor kurzem auf Mallorca ein kleiner überschaubarer Markt, der kaum von ausländischen Besuchern der Insel wahrgenommen wurde. In der spanischen Mentalität hatte die Schaffung von Wohneigentum schon immer höchste Priorität und das Mieten von Wohnungen und Häusern war dementsprechend auf der Wunschliste beispielsweise von jungen Ehepaaren an letzter Stelle anzutreffen. Die eigenen vier Wände wurden auf Mallorca grundsätzlich höher bewertet als das noch größere Auto oder die teure Einrichtung für eine Mietwohnung. Spanien ist mit 86 Prozent Wohneigentumsquote Spitzenreiter in Europa. Deutschland liegt dagegen mit 43 Prozent im europäischen Vergleich an vorletzter Stelle. Die Schweizer bilden mit 36 Prozent Wohneigentum das Schlusslicht.

Hinter der *Langzeitvermietung* verbirgt sich auf Mallorca eine ganz besondere Problematik, die man als potentieller Langzeitmieter verstanden haben muss.
Nur wenige Vermieter stellen ihre Mietobjekte gezielt Mietern für eine im Prinzip unbeschränkte *Mietdauer* zur Verfügung. Die kurzfristigen Ziele der überwiegenden Zahl von Vermietern decken sich nicht mit den langfristigen Zielen der Mieter. Während die typischen Mieter für einen Zeitraum von mindestens zwei Jahren und meistens weit darüber hinaus ein Mietobjekt suchen, möchten die Vermieter am liebsten die Mietzeit maximal auf ein „überschaubares" Jahr begrenzen. Leider ist das *spanische Mietgesetz* hier nicht auf der Seite der Vermieter, weil es dem Mieter

gestattet, das Mietobjekt bis zu fünf Jahren ohne *Kündigung* seitens des Vermieters zu nutzen, vorausgesetzt, er zahlt pünktlich seine *Miete* und verstößt nicht gegen andere Gebote dieses Gesetzes.

Die Idealform für Mallorcas Vermieter war und ist die lukrative *Ferienvermietung,* die wegen ihrer Kurzfristigkeit deshalb für Vermieter die Alternative zur *Langzeitvermietung* ist. Wenn der Sommer naht, werden demzufolge auch alle verfügbaren Unterkünfte für die Feriensaison hoch gerüstet und die *Langzeitvermietung* ist in dieser Zeit für die meisten Vermieter kein Thema.

Der tiefer sitzende und wahre Grund für die „Mietverweigerung" an Dauermieter waren aber die gewaltigen Immobiliengewinne der letzten 15 Jahre im Falle des Verkaufs einer Liegenschaft. Warum sollte ein Eigentümer seine Liegenschaft vermieten, wenn ihm ein Käufer einen risikolosen Gewinn verspricht, für den er 15 Jahre oder länger mit Risiko vermieten müsste.
Die derzeitige Rezession, die den Verkauf von Immobilien weltweit fast zum Stillstand brachte, führte auch auf dem verkaufsverwöhnten Mallorca dazu, dass sich viele Eigentümer durch wirtschaftliche Zwänge über Nacht in Vermieter verwandeln mussten. Je größer dieser Druck wird, desto mehr Anbieter werden ihre Wohnungen und Häuser dem Mietmarkt zur Verfügung stellen, um Ihre monatlichen Belastung in den Griff zu bekommen. Trotz des Drucks sind dennoch die meisten neuen Vermieter nicht bereit, Ihre Liegenschaften länger als ein Jahr herauszurücken, denn alle hoffen insgeheim immer noch, dass die Krise schnell vorübergehen wird, damit das Haus oder die Wohnung dann wieder als teures Verkaufsobjekt am Markt stehen kann. In dieser Zeit des gewaltigen Umbruchs setzt sich nur langsam die Einsicht durch, dass wir am Anfang einer der größten weltweiten Wirtschaftskrisen aller Zeiten stehen, und diese Einsicht führt

auch auf Mallorca dazu, dass Vermieter mehr und mehr zu längeren Mietzeitangeboten übergehen werden.
Um diesen Zusammenhang ganz zu verstehen, sollten wir ihn noch etwas mehr vertiefen: 2005 kam in Spanien nach vielen Jahren ungebremsten Wachstums auf dem Immobilienmarkt ein neuer Trend ins Spiel als sich bei den Verkäufen zuerst eine Verlangsamung und dann ein Zusammenbruch abzeichnete. Die Preise für Immobilien waren in schwindelerregender Höhe angelangt und gleichzeitig zogen die Hypothekenzinsen drastisch an. Viele, die zu Höchstpreisen noch zugegriffen hatten, wurden danach durch hohe Zinsbelastung in die Knie gezwungen. Die Folge war ein relativ großes Angebot an Mietobjekten, wie es Mallorca nie zuvor gesehen hatte. Um ihre Häuser und Wohnungen vor dem Zugriff der Banker zu schützen, zumindest solange bis die Zinsen sich wieder normalisieren konnten, wurden viele mallorquinische und ausländische Eigentümer aus der Not heraus über Nacht zu Vermietern. Ein neuer bemerkenswerter Markt war entstanden: Zu den traditionellen Märkten der *Ferienvermietungen* an Urlauber und der *Saisonvermietungen* an Saisonarbeiter gesellte sich über Nacht der neue Markt der *Langzeitvermietungen*. Vorwiegend zahlungskräftige Kundschaft aus Mittel- und Nordeuropa nutzten die Immobilienkrise und verwirklichten kurzerhand trotz der hohen Immobilienpreise jetzt als Mieter ihren Traum vom Leben unter südlicher Sonne. Dieser neue Markt wurde schnell in Mittel-und Nordeuropa zunehmend bemerkt und dankend angenommen. Vom Kaufen war schon seit längerer Zeit keine Rede mehr, und die unschlagbare Alternative der Anmietung von Wohnraum zu Preisen, die selten die Zinsbelastung der Vermieter überstieg, ist für die meisten ein Geschenk der Götter.
Kenner der Szene haben jedoch schnell begriffen, dass hier über Nacht niemals so etwas wie ein deutscher oder Schweizer Dauermietmarkt entstanden sein konnte. Aus einer gewissen Not heraus haben erst wenige und dann immer mehr Eigentümer ihren Strohhalm schnell erkannt und genutzt. Das *spanische Mietrecht*

sieht jedoch eine Mietdauer von fünf Jahren vor, aus der sich nur der Mieter jährlich verabschieden kann, an die aber der Vermieter ohne Kündigungsrecht die vollen fünf Jahre vertraglich gebunden ist. Dieses staatlich verordnete Missverhältnis zwischen Mieter- und Vermieterrecht wird von den meisten mittel-und nordeuropäischen Mietern nicht in seiner vollen Konsequenz durchschaut. Während der ausländische Mieter mindestens fünf Jahre das Paradies geniessen möchte, will der spanische Vermieter eigentlich nur die Immobilienkrise überbrücken, und eine staatlich verordnete fünf jahrelange Krise scheint selbst den Pessimisten außerhalb der Realität zu liegen. Diese Erkenntnis führte zur Geburtsstunde der so genannten *Elf-Monats-Mietverträge*. Schlaue Rechtsanwälte hatten eine Gesetzeslücke im *spanischen Mietrecht* erkannt, um Vermieter vor dem Fünfjahresmietvertrag zu schützen. Der bekannte *Saisonmietvertrag* wurde so lange angepasst, bis er gesetzeskonform als *befristeter Mietvertrag* die Bühne betreten konnte. Kernstück dieses Vertrages ist die Tatsache, dass der erste Wohnsitz des Mieters weiterhin in seinem Heimatland angenommen wird und im *Mietvertrag* der Zweitwohnsitz des Mieters bescheinigt wird. Mit dieser Formulierung war der Weg für eine Begrenzung der Mietdauer auf maximal 11 Monate unter bestimmten Umständen frei und die meisten Vermieter wähnten sich in Sicherheit und glaubten fest daran, dass sie mit diesem Trick das *Mietgesetz* ausgehebelt hatten. Wir glauben jedoch eher daran, dass dieses Spielchen mit den *befristeten Mietverträgen* nur für exakt elf Monate gespielt werden kann. Im Wiederholungsfalle wird jeder spanische Richter sich darauf besinnen, dass er dafür bezahlt wird, Recht zu sprechen und sich nicht zum Wasserträger der Rechtsverdreher machen zu lassen. Im Grunde haben wir volles Verständnis für die Vermieter, deren Ziel es ist, so schnell wie möglich zu ihrem Eigentum als uneingeschränkter Eigentümer zurückzukehren. Auf der anderen Seite versteht jeder die Ziele eines Mieters, ein Mietobjekt mit möglichst langer *Mietdauer* nutzen zu wollen. Jeder zukünftige

Mieter sollte aber begreifen, dass der *Mietmarkt* auf Mallorca sich vom *Mietmarkt* seines Heimatlandes grundlegend unterscheidet und der Interessenkonflikt langfristig durch die Höhe der Hypothekenzinsen entschieden wird. Der *Elf-Monatsmietvertrag* ist grundsätzlich nicht für Familien geeignet, die Mallorca als langfristiges Auswanderungsziel gewählt haben, denn dieser Vertrag ist im Zweifelsfall nach elf Monaten endgültig beendet. Für Mieter, die einen *möblierten* Zweitwohnsitz auf Mallorca suchen, könnte dieses Vertragsmodell dagegen ausreichen, wenn der Vermieter versichert, dass der Vertrag bei Bedarf nach elf Monaten mit einer überschaubaren Periode für beide Parteien verlängert werden kann.

Langzeitmietobjekte - *siehe Mietwohnungen, Fincas, möblierte und unmöblierte Mietobjekte, Checkliste*

In der Praxis sieht eine Anfrage oft so aus: „Wir suchen ein Mietobjekt auf Mallorca". Das ist ungefähr so, als wenn jemand zu einem Autohändler geht und sagt, er suche ein Auto. Gute *Vermietungsagenturen* haben in derartigen Fällen eine *Checkliste* in Form eines strukturierten Fragebogens zur Hand, damit der zukünftige Mieter sich zunächst einmal selber Klarheit darüber verschaffen kann, was er denn nun eigentlich mieten möchte.

Auf Mallorca macht es Sinn, Mietobjekte nach der Dauer des *Mietverhältnisses* zu unterscheiden. Demnach gibt es Mietobjekte für die *Langzeit-, die Saison- und Ferienvermietung.* Wir befassen uns in diesem Buch mit *Langzeitmietobjekten,* genauer gesagt mit Wohnungen und Häusern, die langfristig für die Vermietung angeboten werden. Von einer Langzeitanmietung spricht man, wenn ein gesetzlicher *Mietvertrag* für mindestens ein Jahr abgeschlossen wird.

Langzeitmietobjekte ist der Oberbegriff für Mietwohnungen und Häuser, die langfristig vermietet werden. Eine *Mietwohnung* kann eine Erdgeschosswohnung, eine Etagenwohnung, eine Obergeschosswohnung (oft auf Mallorca als Penthousewohnung oder Atico bezeichnet), eine Maisonettenwohnung (wird auch als zweigeschossige Duplex-Wohnung bezeichnet) oder eine Einliegerwohnung in einem Mehrfamilienhaus sein. Häuser sind der Oberbegriff für Villen, Chalets, Bungalows, Reihenhäuser, Doppelhaushälften, Landhäuser, Dorfhäuser, Stadthäuser und *Fincas*.

Ein anderes Unterscheidungsmerkmal ist die geographische Lage eines Mietobjektes auf der Insel. Es liegen Welten zwischen den Mietpreisforderungen vergleicht man ähnliche Mietobjekte an unterschiedlichen Standorten auf Mallorca.
Die geographische Lage auf Mallorca kann für *Langzeitmieter* aus verschiedenen Gründen unterschiedlich attraktiv sein. Wer beispielsweise als Senior auf Mallorca eine einsame Finca in den Bergen anmieten möchte, ist möglicherweise schlecht beraten. Familien mit Kindern suchen oft die Nähe der *internationalen Schulen* in und um Palma. Selbständige mieten vorzugsweise in der Nähe Ihrer Kunden in Ballungsgebieten. Um es auf einen Nenner zu bringen: eine 100m² große *Mietwohnung* an der gut strukturierten *Südwestküste* Mallorcas kann doppelt soviel *Miete* kosten wie eine 100m² Wohnung in der Inselmitte oder im Osten der Insel, wo nach der Hauptsaison die Bürgersteige hochgeklappt werden. Das wäre für viele vielleicht noch nicht einmal das Hauptproblem, aber die großen *Entfernungen,* die zwischen dem Wohnort und der Inselhauptstadt liegen sind für die meisten Mieter ein Grund, doch etwas mehr *Miete* auszugeben, um näher am Geschehen zu sein. Und das aus gutem Grund. Wenn bei Papa auf einer Finca in der einsamen Pampa Herzkreislaufprobleme auftreten, nützt es wenig, wenn die *Miete* der *Finca* niedrig ist. Wir haben das alles bereits erlebt, und zusammenfassend lässt sich sagen, wer auf Mallorca im Ernstfall innerhalb einer

Stunde kein Krankenhaus erreichen kann, fällt im folgenden Jahr wahrscheinlich als Mieter aus. Dieses leidige Thema wird auf der Insel ausgeklammert und ignoriert, obwohl es eine Tatsache ist, dass die Krankenwagen und deren Personal eher einem Fleischtransportunternehmen gleichen und mit einem modernem Notarztdienst keine Ähnlichkeit haben. Dennoch, grundsätzlich sind einige Krankenhäuser auf Mallorca hervorragend, sie liegen aber in den gut strukturierten Ballungsgebieten. Eine geographisch gefragte Lage unter diesem Aspekt ist für ein Mietobjekt demnach eher in einer gut strukturierten Zone mit moderner Infrastruktur wie beispielsweise an der *Südwestküste* der Insel zu finden.

Wenn man sich über seine geographischen Wünsche im Klaren ist, kann man sich noch detaillierte Gedanken darüber machen, ob die *Mietwohnung* oder das Haus beispielsweise direkt am Meer, in Küstennähe, in Strandnähe, auf dem flachen Land, in den Bergen, in einer kleinen oder großen Ortschaft oder gar direkt in Palma liegen soll.

Die Lage eines Mietobjektes ist auf Mallorca, wie überall auf der Welt, das wichtigste Kriterium für die Bemessung der Mietforderung. Bei allen Mietobjekten ist das Unterscheidungsmerkmal „mit Meerblick" oder „direkt am Meer gelegen" mit Abstand der ausschlaggebende Faktor, der einem Vermieter überdurchschnittlich hohe Mieteinnahmen beschert. Für eine 500m² große Villa direkt am Meer wird mehr als das dreifache als für eine gleichgroße Villa in einer Lage im Landesinneren verlangt.

Weiterhin werden Mietobjekte danach unterschieden, ob sie *möbliert*, teilmöbliert oder unmöbliert sind und vor allem danach, welche Qualität die Ausstattung und die Möblierung hat. Mehr als 80 Prozent der *Mietwohnungen* und Häuser, die langfristig angeboten werden sind auf Mallorca möbliert. Der Grund dafür ist die Möglichkeit der *Ferienvermietung* als Alternative zur *Langzeitvermietung.* Vermieter, die ihr Mietobjekt unmöbliert anbieten, haben sich damit grundsätzlich für die *Langzeitvermietung* entschieden.

Langzeitmietverträge – *siehe Mietverträge, Mietverhältnisse*

Vorteilhafter aus Sicht des Mieters ist die Einordnung des *Mietvertrages* nach dem *spanischen Mietgesetz,* da dieses Gesetz dem Mieter und seiner Familie ein langfristiges *Mietverhältnis* über mindestens fünf Jahre sichert, wenn der Mieter dies möchte.
Eine besondere Form ist für die Abfassung des *Mietvertrages* nicht vorgeschrieben. Er könnte grundsätzlich auch mündlich nach Absprache geschlossen werden, wozu wir aber aus Beweisgründen nicht raten. Besondere Vereinbarungen und Zusicherungen sollten im Vertrag aus den gleichen Gründen detailliert festgehalten werden.
Langzeitmietverträge werden grundsätzlich auf spanisch und in Übereinstimmung mit dem *spanischen Mietgesetz* abgefasst. Von professionellen *Vermietungsagenturen* mit deutschsprachigem Personal erhalten Sie eine *deutsche Übersetzung des spanischen Mietvertrages*, auf die Sie sich im Ernstfall verlassen können. Wenn Ihr *Vermietungsagent* selber kein Spanisch sprechen kann, was auf Mallorca oft der Fall ist, dann hüten Sie sich davor, einen *spanischen Mietvertrag* zu unterschreiben, auch wenn man Ihnen versichert, daß die *deutsche Übersetzung* den gleichen Wortlaut hat. Gewitzte Anwälte können Ihnen heute unter bestimmten Voraussetzungen einen Mietvertrag (zum Beispiel für *Luxusimmobilien*) vorlegen, der mit Sicherheit bei Bedarf die gesetzlichen Vorschriften zu Ihrem Nachteil umgeht, weil das *Mietgesetz* gar nicht zum Tragen kommt. Damit dies nicht geschieht, können Sie Ihrerseits den Vertrag durch Ihren Anwalt prüfen lassen, oder Sie suchen sich eine *Vermietungsagentur*, die sich am Markt etabliert

hat und nicht durch sinnloses Werbegeschrei sondern durch Kompetenz auffällt.

Im Langzeitmietvertrag, der mit dem *spanischen Mietrecht* im Einklang steht, sollten mindestens die folgenden Mietvertragsinhalte enthalten sein:

- Die Bezeichnung als *Mietvertrag* (contrato de arrendamiento de vivienda);

- Ort und Datum;
- die *Vertragsparteien* mit Namen, Wohnort und Ausweisnummer;
- die Kennzeichnung der *Vertragsparteien* als Mieter und Vermieter;
- Eine Aussage über die Geschäftsfähigkeit der Vertragsparteien;
- die Beschreibung und der Standort des Mietobjektes;
- die frei vereinbarten Klauseln;
- die Rechtsgrundlagen - *Mietgesetz* und Código Civil (legislación aplicable);
- die Bestimmung und Zweck des Mietobjektes (destino);
- die *Mietdauer* (duración del contrato) mit Beginn und Ende des Mietverhältnisses;
- die anfängliche *Miete* (renta);
- die Bankverbindung mit Einzahlungskonto des Vermieters;
- die *Nebenkostenregelung* (gastos);
- die *Mietsicherheit* oder *Kaution* (fianza);
- die Regelung der *Untervermietung* (subarriendo);
- das Zuständige Gericht (jurisdicción de los tribunales);
- die Unterschriften der *Vertragsparteien;*
- eine *Inventarliste* als Anhang zum Vertrag

Langzeitvermietung – *siehe Vermietung von Wohnraum, Langzeitmiete*

Lebenshaltungskostenindex – *siehe Mieterhöhung*

Luxusimmobilien – *siehe Mietdauer und Kündigung des Mietverhältnisses, Langzeitmietvertrag*

Maklercourtage – *Vermittlungsprovision*

Im Falle der *Vermietung* geht die *Vermittlungsprovision* in Spanien zu Lasten des Mieters. Im Gegensatz dazu trägt im Falle des Verkaufs einer Immobilie der Eigentümer die Maklercourtage. Beides wird oft verwechselt und es kommt häufig vor, dass Mietinteressenten darauf bestehen, dass der Vermieter in Spanien die Provision für den Vermittler bezahlt.

Die Höhe der Provisionen ist grundsätzlich frei vereinbar. Sie wird vom Mieter nur im Erfolgsfall geschuldet, jedoch unabhängig davon, ob der Vermittler für den Erfolg nur ein Telefonat geführt hat oder wochenlang für einen Mietinteressenten mit unzähligen Objektbesichtigungen tätig war. Da es in Spanien keine Gebührenordnung gibt, richtet sich die Höhe der *Vermittlungsprovision* nach der Marktlage, der Höhe des *Mietpreises* und den am Markt üblichen Konditionen und beträgt in Spanien üblicherweise bei einer erfolgreichen Vermietung bis zu zwei Monatsmieten. Die Höhe der Provision bestimmt jedoch den Umfang der Leistung der *Vermittlungsagentur*.

Maklervertrag – *siehe Vermittlungsprovision*

Für die *Vermittlung von Wohnraum* wird in Spanien ein Maklervertrag mit dem Mietinteressenten geschlossen, weil er derjenige ist, der die vereinbarte *Vermittlungsprovision* zahlen muss. Der Interessent für Mietobjekte fungiert dabei als Auftraggeber des Vermittlers. Wesentlicher Inhalt des Maklervertrages ist das Provisionsversprechen des Auftraggebers für den Fall, dass die Tätigkeit des Vermittlers den angestrebten Erfolg bewirkt. Ein Maklervertrag kann schriftlich, mündlich oder durch schlüssiges Verhalten abgeschlossen werden. Ein Maklervertrag wird geschlossen, um das Provisionsversprechen des Auftraggebers rechtlich abzusichern, weil mündliche Absprachen, die ein Auftraggeber hinterher bestreitet, nicht bewiesen werden können. Seriöse *Vermittlungsagenten* auf Mallorca fordern den Interessenten auf, zumindest einen Besichtigungsnachweis zu unterschreiben. Da der Vermittler an den Interessenten eine Provisionsforderung hat, ist er derjenige, der letztendlich im Streitfall beweispflichtig ist.

Meldepflicht für Ausländer – *siehe Ausländerregister und Einwohnermeldeamt*

Mietangebote – *siehe Anbieter von Mietobjekten*

Mietbedingungen – *siehe Mietvertrag, Miete, Vermittlungsprovision*

Mietdauer und Kündigung des Mietverhältnisses – *siehe spanisches Mietrecht*

Das *spanische Mietrecht* unterscheidet sich in den Punkten Mietdauer und Kündigung des *Mietverhältnisses* grundsätzlich vom *Mietrecht* in deutschsprachigen Ländern. Missverständnisse sind deshalb vorprogrammiert, wenn Mietinteressenten, die das *spanische Mietrecht* nicht kennen, mit einem *Mietvertrag* auf Mallorca konfrontiert werden. Das geht soweit, dass deutsche Mieter die ihnen zugesandte *deutsche Übersetzung* des spanischen Vertragsentwurfes mit deutschen Rechtsnormen vergleichen, auf deutsches Mietrecht trimmen und dieses Kunstwerk dem Vermieter auf Mallorca oder ihrem *Vermittlungsagenten* zurückschicken. Die Dauer des Mietverhältnisses und die Kündigungsfristen sind im deutschen Mietrecht ganz anders geregelt als in Spanien. In Deutschland hat ein Mieter unabhängig von der Dauer des *Mietverhältnisses* eine Kündigungsfrist von drei Monaten einzuhalten. Ein deutsches *Mietverhältnis* kann demzufolge im extremsten Fall schon nach drei Monaten beendet sein, wenn der Mieter zum Mietbeginn kündigen würde.

Die Dauer des Mietverhältnisses in Spanien ist im Artikel 9 des *spanischen Mietrechts* geregelt. Die *Mietparteien* können sich grundsätzlich über die Mietdauer frei einigen. Der gesetzliche *Standardmietvertrag* für Wohnraum wird jedoch im Regelfall über eine Laufzeit von 12 Monaten geschlossen. Es ist auch gar nicht erforderlich, einen längeren Vertrag zu unterschreiben, weil ein zu Wohnzwecken abgeschlossener spanischer *Mietvertrag* ausnahmslos fünf Jahre gilt und nur einen Monat vor Ablauf eines jeden Mietjahres seitens des Mieters einseitig gekündigt werden kann. Kündigt der Vermieter den Vertrag nach Ablauf von fünf Jahren nicht fristgerecht, so verlängert sich der *Mietvertrag* automatisch fortlaufend um jeweils ein weiteres Jahr bis zu maximal weiteren drei Jahren.
Dieser Absatz über die Mietdauer und Kündigung des *Mietverhältnisses* ist so wichtig, dass wir ihn noch einmal mit anderen Worten wiederholen möchten: Wenn Sie als Mieter in Spanien einen *Mietvertrag* mit einer Mietdauer von 12 Monaten vereinbaren, dann verlängert sich dieser Vertrag automatisch um ein weiteres Jahr bis eine *Gesamtmietdauer* von fünf Jahren erreicht ist, es sei denn, Sie kündigen diesen Vertrag mindestens dreißig Tage vor Ablauf oder vor der jeweiligen jährlichen *automatischen*

Verlängerung (prórroga obligatoria). Der Mieter darf demnach innerhalb der ersten fünf Jahre jedes Jahr mit der gesetzlichen Frist kündigen. Der Vermieter dagegen darf erst nach Ablauf von fünf Jahren das erste mal kündigen. Wenn nach Ablauf der obligatorischen fünf Jahre keine der *Mietparteien* erklärt, dass sie den *Mietvertrag* beenden möchte, verlängert sich der Vertrag gemäß Artikel 10 des *Mietgesetzes* um ein weiteres Jahr, höchstens jedoch bis zu drei weiteren Jahren, es sei denn, der Mieter kündigt zu einem der Verlängerungszeitpunkte. Nach insgesamt acht Vertragsjahren müssen beide Parteien einen neuen Vertrag schließen, wenn sie das *Mietverhältnis* darüber hinaus fortsetzen möchten.
Wir empfehlen Ihnen als Mieter, einen 12-Monats-Vertrag abzuschließen, weil Sie durch die *automatische Verlängerung* mindestens fünf Jahre vor einer Kündigung geschützt, aber selber nicht fünf Jahre an den Vertrag gebunden sind, weil Sie ihn jährlich kündigen können.

Die *automatische Verlängerung des Mietvertrags* bis zu insgesamt fünf Jahren ist jedoch nicht für alle Arten von Wohnraum zwingend. *Mietobjekte*, die in die Kategorie *Luxusimmobilien* mit über 300m² Fläche (superficie) fallen sind von dieser Regelung laut Artikel 4 des Mietrechts ausgenommen. Leider ist der Gesetzgeber an dieser Stelle sehr ungenau, weil er nur von Fläche (superficie) spricht und nicht von der Konstruktionsfläche. Man kann aber davon ausgehen, dass damit die Fläche gemeint ist, die im Grundbuch für diese Immobilie angegeben gilt.
Mietverhältnisse für *Luxusimmobilien* mit 300m² und darüber können grundsätzlich von den Parteien frei vereinbart werden. Auch Verträge für Mietobjekte, deren jährliche *Miete* das 5,5-fache des jährlichen Mindestgehaltes (salario minimo interprofesional) überschreiten, können nach dem Willen der Parteien frei ausgehandelt werden. Die Höhe des monatlichen Mindestgehaltes betrug in Spanien 600 € für das Jahr 2008. *Mietverträge* mit

einer Jahresmiete, die 39.600 € im Jahre 2009 übersteigt, unterliegen demnach nicht dem *Mietgesetz*.
Auch die Wahl eines *Saisonmietvertrags* verhindert regelmäßig eine *automatische Verlängerung des Mietvertrages.* Im Artikel 3, Absatz 2 des *Mietgesetzes* betrachtet der Gesetzgeber *Saisonmietverträge* als eine Art der gewerblichen Vermietung, die für die Sommermonate oder eine andere Saison abgeschlossen werden können.

Kündigt der Vermieter vor Vertragsabschluss bereits ausdrücklich *Eigenbedarf* an, weil er selbst nach einer bestimmten Zeit vor Ablauf der Fünfjahresfrist in das Mietobjekt einziehen will, endet der Vertrag mit dem vereinbarten Zeitpunkt. Der Vermieter muss dann aber auch innerhalb von drei Monaten selbst einziehen, ansonsten hat der Mieter Anspruch auf Schadensersatz oder er muss das Mietobjekt an den Mieter für die zeitlich volle Nutzung zurückgeben.

Bei der *Kündigung* von *Mietverträgen* nach *spanischem Mietrecht* ist grundsätzlich zwischen einer *fristgerechten Kündigung* und einer *fristlosen Kündigung* zu unterscheiden. Vermieter und Mieter können nur unter Einhaltung bestimmter gesetzlicher Fristen kündigen. Für die *fristgerechte Kündigung* eines *Mietvertrages* sind bestimmte Formen und Fristen vorgeschrieben. Die Kündigung muss insbesondere schriftlich erfolgen und das Kündigungsschreiben muss unterschrieben sowie unmissverständlich als Kündigung deklariert sein. Sind an einem *Mietverhältnis* mehrere Personen auf einer Vertragsseite beteiligt, muss eine Kündigung von allen bzw. an alle ausgesprochen werden.
Ausgenommen von einer *fristgerechten Kündigung* sind *befristete Mietverträge*, die nicht dem *Mietgesetz* unterliegen. Bei diesen Verträgen kann keine *fristgerechte Kündigung* vor Ablauf der vereinbarten Frist erfolgen. Eine vorzeitige Beendigung kommt

hier grundsätzlich nur bei einer *fristlosen Kündigung* in Betracht, oder wenn die Vertragsparteien eine Mietaufhebung vereinbaren.

Die *fristlose Kündigung* durch den Vermieter oder den Mieter wird im Artikel 27 des *spanischen Mietrechts* geregelt. Die Nichterfüllung der vertragen Pflichten durch eine der Mietparteien berechtigt die andere Partei, die Erfüllung zu fordern oder eine Auflösung des *Mietvertrages* zu bewirken. Der mit Abstand wichtigste Fall in der Praxis ist der Zahlungsverzug des Mieters. Befindet sich der Mieter bereits mit einer Monatsmiete im Verzug, kann der Vermieter fristlos kündigen.

Der Vermieter kann den *Mietvertrag* rechtswirksam fristlos kündigen, wenn der Mieter:

- die *Kaution* nicht einzahlt;
- die *Miete,* einen Teil der *Miete* (*siehe: Mietminderung*) oder andere Beträge, die im Zusammenhang mit der Vermietung stehen, nicht zahlt;
- ohne Genehmigung des Vermieters das Mietobjekt *untervermietet*;
- einen Umbau oder sonstige bauliche Veränderungen vornimmt, die weder behördlich noch vom Vermieter genehmigt worden sind;
- die Durchführung von notwendigen Reparaturen verweigert;
- das Mietobjekt vorsätzlich beschädigt;

- gesetzeswidrige Tätigkeiten im Mietobjekt unterhält, die belästigend, umweltschädlich, gesundheitsschädigend, gefährlich oder unhygienisch sind;

- ohne Genehmigung des Vermieters das Mietobjekt zweckentfremdet.

Der Mieter kann den *Mietvertrag* rechtswirksam auflösen, wenn der Vermieter:

- die Durchführung der notwendigen *Reparaturen* verweigert,
- die Nutzung des Mietobjektes stört.

Die zeitlich anders gestaltete *Kündigungsfrist* in *spanischen Mietverträgen* von dreißig Tagen vor Ablauf des Vertrages oder vor der jeweiligen jährlichen *automatischen Verlängerung* hat, wie jeder sofort erkennt, Konsequenzen für diejenigen, die auf Mallorca ein Mietobjekt als Erstwohnsitz suchen. In Deutschland beispielsweise kann sich ein Interessent, wegen der langen *Kündigungsfrist*, drei Monate vor seinem Umzugstermin Mietobjekte anschauen, die bereits von den derzeitigen Mietern gekündigt worden sind und dann auch in der Regel von diesen Mietern verlassen werden und zur Verfügung stehen. In Spanien dagegen sollten Sie wegen der einmonatige *Kündigungsfrist* des Vormieters frühestens einen Monat vor Ihrem Umzug damit beginnen, ein Mietobjekt zu suchen. Erschwerend kommt hinzu, dass die meisten vermieteten Objekte auf Mallorca vor Auszug des derzeitigen Mieters von Interessenten gar nicht besichtigt werden können, weil die Mieter nicht verpflichtet sind, das Mietobjekt zu zeigen und deshalb oft nicht bereit sind, sich von Ihren Vermietern dafür einspannen zu lassen. Noch aussichtsloser wird die Anfrage nach einem Besichtigungstermin, wenn Feriengäste für teures Geld das Mietobjekt bewohnen.

Wenn Sie heute ein gutes Angebot über ein *Langzeitmietobjekt* auf Mallorca entdecken, können Sie davon ausgehen, dass dieses Mietobjekt innerhalb weniger Tage vermietet wird. Das liegt daran, dass Mietobjekte auf Mallorca an dem Tag auf den Markt kommen, an dem der bisherige Mieter auszieht. Genau an diesem Tag beginnt die Suche nach einem neuen Mieter, die von vielen mehr oder weniger professionellen Anbietern fast immer ohne Exklusivauftrag intensiv vorangetrieben wird. Dieser schnelllebige Prozess kann nur dadurch unterbrochen werden, wenn ein Vermieter seine Mietimmobilie gleichzeitig auch Feriengästen kurzfristig anbietet. Dann startet die Angebots-Prozedur für die *Langzeitvermietung* erneut, wenn der Feriengast das Mietobjekt wieder verlassen hat. *Ferienvermietung* und *Langzeitvermietung* stehen auf Mallorca oft in ewiger Konkurrenz und erschweren die Anmietung für Dauermieter.

Wegen der einmonatige *Kündigungsfrist* in Spanien ist es in den meisten Fällen nicht sinnvoll, sich bewohnte Mietobjekte vorher anzusehen, weil niemand weiß, wie sich letztendlich der derzeitige Mieter entscheiden wird. Wenn Sie beispielsweise zum 1. Januar auf Mallorca eine Wohnung oder ein Haus langfristig anmieten möchten, macht es wenig Sinn, sich Monate vorher Mietobjekte anzuschauen, weil kein Vermieter Ihnen einen Vertrag gibt, ohne zu wissen, wie sich sein derzeitiger Mieter einen Monat vor Vertragsende entscheiden wird. Schon aus diesem Grund verbietet es sich für den Vermieter von selbst, Ihnen vorher einen Vertrag zu geben. Schlimmstenfalls hätte ein Vermieter am 1. Januar zwei gültige *Mietverträge* in der Hand, wenn sein derzeitiger Mieter nicht auszieht. Um diese Falle zu umgehen, sollten Sie mit dem Vermieter einen Vorvertrag machen und eine *Reservierungsanzahlung* leisten.
Es macht genauso wenig Sinn, sich Monate vor Ihrem geplanten Umzugstermin unbewohnte *Mietobjekte* anzuschauen. Meinen Sie wirklich, ein Vermieter händigt Ihnen drei oder vier Monate

vor Vertragsbeginn einen Vertrag aus, ohne dass Sie ihm die Zeit bis zum Vertragsbeginn bezahlen? So etwas kommt nur bei Wohnungen oder Häusern vor, die aus bestimmten Gründen niemand mieten will. *Qualitativ hochwertige Mietobjekte* verdienen auf Mallorca Geld, und das tun sie derzeit noch problemlos. Wenn ein Vermieter dennoch dazu bereit ist, Ihnen Monate vorher einen *Mietvertrag* bis zum Mietbeginn auszuhändigen, dann sollten bei Ihnen alle Alarmglocken läuten. Dann haben Sie wahrscheinlich Wohnraum angemietet, an dem Sie wenig Freude haben werden, oder Sie sind einem Betrüger aufgesessen, der Ihr Geld kassiert hat und Ihnen das Mietobjekt bei Mietbeginn gar nicht aushändigen kann oder will.

Wir wissen natürlich, dass die einmonatige *Kündigungsfrist* der gesetzlichen spanischen *Mietverträge* verbunden mit einer zwölfmonatigen Vertragslaufzeit für Interessenten, die auf Mallorca Ihren Erstwohnsitz beziehen möchten, regelmäßig ein großes Problem darstellt. Im Ausland kurzfristig ein Mietobjekt zu suchen, zu finden und anzumieten, nachdem man zuhause schon gekündigt hat, ist für viele, die kein Spanisch verstehen, mit einem großen Risiko verbunden. Für Interessenten, die dagegen einen Zweitwohnsitz auf Mallorca suchen, ist der Suchprozeß unproblematischer, weil sie nach ihrer Anreise einige Mietobjekte besichtigen und sofort einen *Mietvertrag* unterschreiben können, wenn ihnen eine Wohnung oder ein Haus zusagt.

Miete - *siehe Bruttomiete, Nettomiete, Mietpreise, Mieterhöhung*

Die Miete ist nach internationalem Schuldrecht die Gegenleistung, die der Mieter dem Vermieter auf Grund eines *Mietvertrages* für die Überlassung einer Mietsache schuldet. Artikel 17 des *spanischen Mietgesetzes* regelt die Festsetzung der Miete für

permanent genutzten Wohnraum. Die Miethöhe kann gesetzlich von den Parteien frei vereinbart werden. Anders als in Deutschland wird sie in Spanien nicht über *Vergleichsmieten* oder *Mietpreisspiegel* reguliert.
Die Zahlung der Miete muß in der Weise erfolgen, wie sie die *Vertragsparteien* vereinbart haben. Üblich ist eine monatliche Banküberweisung der Miete innerhalb der ersten fünf Werktage des Monats auf das Konto des Vermieters. Die Erteilung einer Bankeinzugsermächtigung ist heutzutage auch in Spanien üblich. Einige Vermieter bevorzugen aus steuerlichen Gründen eine Barabwicklung am Monatsanfang. Fehlt eine vertragliche Vereinbarung, ist die monatliche Mietzahlung in bar sogar gesetzlich vorgeschrieben. Der Erhalt der Miete muss vom Vermieter, wenn sie in bar geleistet wird, selbstverständlich quittiert werden.

Obwohl bezüglich der Anfangshöhe der Miete die *Mietparteien* frei sind, lässt das *spanische Mietgesetz* in den ersten fünf Jahren nur eine *Anpassung der Miete an den Lebenshaltungskostenindex* oder nach einer baulichen Verbesserung des Mietobjektes zu.

Mieter-Casting – *siehe außergewöhnliche Mietobjekte*

Mieterhöhung – *siehe Miete*

Das *spanische Mietrecht* lässt grundsätzlich eine jährliche Mieterhöhung zu, die im Artikel 18 beschrieben ist, auch wenn sie im *Mietvertrag* nicht ausdrücklich genannt wurde. Die Mieterhöhung richtet sich in Ihrer Höhe nach dem IPC (Índice de Precios al Consumidor), der monatlich vom spanischen Instituto Nacional de Estadística veröffentlicht wird. Dieser offizielle Verbraucherpreisindex misst die Preisentwicklung aller Güter und Dienstleistungen auf dem spanischen Verbrauchermarkt. Für die Jahre 2000 bis 2007 lässt sich im Durchschnitt eine zulässige Mieterhöhung von 3,39 Prozent pro Jahr ermitteln.

Damit die Anhebung der *Miete* für den Mieter verbindlich ist, muss der Vermieter durch eine entsprechenden Mitteilung den Mieter vor der beabsichtigten Mieterhöhung schriftlich benachrichtigen. Die Zustellung der Benachrichtigung gilt als erfolgt, wenn auf der Quittung der letzten Mietzahlung die Mieterhöhung vermerkt worden ist. Die angewandte prozentuale Veränderung muss dabei angezeigt werden, und auf Verlangen des Mieters muss der Vermieter die entsprechende Bescheinigung des Instituto Nacional de Estadística beibringen. Die neu festgelegte *Miete* muss dann vom Mieter einen Monat nach der schriftlichen Zustellung gezahlt werden.

Mietermarkt – *siehe Vermietermarkt*

Mietersparnis – *siehe Mietvorauszahlung*

Mietgesetz – *siehe Mietrecht in Spanien, spanisches Mietgesetz*

Mietimmobilien - *siehe Langzeitmietobjekt, Komfortwohnungen*

Mietkauf

In Deutschland versteht man unter Mietkauf einen *Mietvertrag*, bei dem vom Eigentümer einer Immobilie einem Mieter das Recht eingeräumt wurde, innerhalb einer bestimmten Frist durch einseitige Erklärung ein Mietobjekt zu einem vorher festgelegten Preis unter Anrechnung der bis dahin gezahlten Mieten käuflich

zu erwerben. Vor der Erklärung des Mieters findet auf den Vertrag Mietrecht Anwendung. Nach der Erklärung handelt es sich um einen Kaufvertrag, auf den Kaufrecht Anwendung findet.
Der klare Vorteil des Mietkaufs liegt für den Mieter auf der Hand: er kauft keine Katze im Sack, weil er während der Mietzeit die Vor- und Nachteile des Objektes kennenlernen kann. Entscheidet er sich dann gegen das Haus, so kommt er mit relativ geringen Verlusten aus dem Vertrag heraus, wenn der Kaufvertrag entsprechend ausgestaltet wurde. Der gravierende Nachteil sind die regelmäßig überzogenen Mietforderungen bei Mietkaufverträgen, damit der Mieter schnell in Kauflaune kommt.

Auf Mallorca war dagegen das Modell Mietkauf noch nie ein richtiges Thema. In Zeiten steigender Immobilienpreise hatten die Eigentümer kein Interesse, sich an einen Mietkaufpreis im Vorfeld zu binden, und in Zeiten mit sinkenden Immobilienpreisen wird sich kein Mieter auf einen heute vielleicht zu hohen Kaufpreis einlassen. Bereits beim Thema Probewohnen zuckten Mallorcas Immobilieneigentümer in der Vergangenheit regelrecht zusammen. Wer würde sich wohl für ein Haus entscheiden, nachdem er die Leiche im Keller entdeckt hatte? Und Mallorcas Häuser hatten fast alle eine und manchmal mehrere Leichen nicht nur in den Kellergewölben versteckt.
Weil Mietkauf auf Mallorca keine nennenswerte Tradition hat, ist deshalb auch kaum jemand im Thema und nur wenige wissen, wie es richtig geht. Auf jeden Fall geht es auf Mallorca anders, als die meisten Neuankömmlinge vermuten.
Auf Mallorca sind Sie für den Fall des Mietkaufs bereits am Tage des Einzugs Eigentümer und Mieter zugleich. Allerdings müssen Sie vor Ihrem Einzug einen Kaufoptionsvertrag mit einer bestimmten Laufzeit unterschreiben und mit 10 Prozent der vereinbarten Kaufsumme sofort anzahlen. Bis zum Einlösetermin der Option zahlen Sie zunächst die monatlich vereinbarte *Miete*. Am Einlösetag gehen Sie mit dem Eigentümer zum Notar und zahlen

die restlichen 90 Prozent für das Mietobjekt, und falls es vertraglich vereinbart wurde, werden die *Mietzahlungen* bis zum Einlösetag oder Teile davon vom Kaufpreis noch abgezogen. Wenn Sie den Kaufoptionsvertrag dagegen nicht einlösen, verlieren Sie Ihre gesamte Anzahlung auf den Kaufpreis. Wenn der Mieter Glück hat, erwirbt er heute ein Objekt, das in der Zukunft mit einem höheren Preis am Markt stehen wird. Hat er dagegen Pech, kauft er die Immobilie heute zu teuer ein. Dem Vermieter geht es mit umgekehrten Vorzeichen genauso.

Es gibt aber im *spanischen Mietrecht* noch eine andere Variante, als Mieter zu einem späteren Zeitpunkt, der Eigentümer der angemieteten Immobilie zu werden. Im Artikel 25 hat der Gesetzgeber dem Mieter ein *Vorkaufs- und ein Rückkaufsrecht* eingeräumt. Dazu sollten Sie als Mieter zunächst wissen, dass ein *Eigentumswechsel* Ihr *Mietverhältnis* nicht beendet. Laut Artikel 14 des *Mietgesetzes* muss nämlich der Erwerber den Mieter übernehmen. Der Käufer einer vermieteten Immobilie tritt für die volle Laufzeit bis zu fünf Jahren in die Rechte und Pflichten Ihres Vermieters ein.
Sollte Ihr Vermieter sich dazu entschließen das *Mietobjekt* zu verkaufen, muss er Ihnen seine Entscheidung über einen Notar mittels öffentlich beglaubigter Urkunde mitteilen. Nach Empfang der notariellen Urkunde mit der Verkaufsabsicht Ihres Vermieters haben Sie 30 Tage Zeit, sich zu entscheiden, ob Sie Ihr Vorkaufsrecht ausüben wollen oder nicht. Wenn Sie diesen Termin verstreichen lassen, oder wenn der Vermieter Ihnen seine Verkaufsabsicht nicht mitgeteilt hat, haben Sie noch eine andere Möglichkeit, die von Ihnen gemietete Immobilie zu erwerben. Sie können dann Ihr *Rückkaufsrecht* ausüben. Auch in diesem Falle haben Sie wieder eine Frist von 30 Tagen, sich zu entscheiden, nachdem Ihnen diesmal der Käufer auf notariellem Wege die Bedingungen des Kaufes sowie eine Kopie des notariellen Kaufvertrages zugestellt hat.

Wir wollen an dieser Stelle nicht zu tief in das Immobilienrecht eindringen, nur soviel sei gesagt: In Spanien wurden und werden immer noch Liegenschaften unterverbrieft verkauft. Sollte Ihr Vermieter einen Verkauf mit Unterverbriefung ins Auge fassen, muss er sich voll über die Konsequenzen im klaren sein, denn sein Mieter hätte dann das Recht, die Immobilie zum unterverbrieften Wert zurückzukaufen. Unter diesen Umständen wird Ihr Vermieter wohl kaum einen Käufer finden.
Eine vertragliche Verzichtserklärung Ihres *Vorkaufs-und Rückkaufsrechtes* ist allerdings laut Absatz 8 des Artikels 25 auch möglich und vor allem gültig, aber nur, wenn Sie im Mietvertrag mit Ihrem Vermieter eine *Mietdauer* von mehr als fünf Jahren vereinbaren.

Mietkaution - *siehe Kaution, Mietsicherheit*

Mietkonditionen – *siehe Mietbedingungen, Mietpreise, Vermittlungsprovision, Mietvertrag*

Mietkultur auf Mallorca

Wer als Ausländer auf Mallorca mieten möchte, muss sich auf Vermieter unterschiedlicher Nationalität einstellen. Die größte Vermietergruppe bilden die Mallorquiner selbst, gefolgt von Festlandspaniern, Deutschen und Engländern. Abgesehen von den unterschiedlichen Sprachen, auf die sich ein Mieter einstellen muss, betritt ein ausländischer Mieter auf Mallorca regelmässig auch psychologisches Neuland, vor allem wenn er es mit mallorquinischen oder Vermietern vom spanischen Festland zu tun bekommt. Für die meisten Mallorquiner ist die Vermietung ihrer Immobilie ein Novum und nicht selten etwas Einmaliges, das sie oft mit überzogener Vorsicht behandeln. Deutsche und englische

Vermieter gehen regelmässig entspannter mit diesem Thema um, weil sie es in ihren Heimatländern ein Leben lang kennengelernt haben. Deutsche und englische Vermieter verlangen selten eine *Bankgarantie* zur Absicherung ihrer Mietforderungen, während mallorquinische Vermieter immer häufiger auf Vorauszahlung der Jahresmiete bestehen. Auch die Höhe der *Mietkaution* wird von ausländischen Vermietern moderater und im üblichen Rahmen festgelegt, während die vorsichtigen Mallorquiner aus Sicherheitsgründen eher an überzogenen Forderungen festhalten, für die deutschsprachige Mietinteressenten oftmals kein Verständnis haben. Wenn man jedoch den *Mietmarkt* auf Mallorca, wie wir, sehr gut kennt, fällt es einem nicht besonders schwer, die Vorsichtsmaßnahmen mallorquinischer Vermieter zu verstehen. Warum sollte ein einheimischer Vermieter einem Ausländer übermäßiges Vertrauen entgegenbringen, wenn er zum Zeitpunkt des Vertragsabschlusses fast nichts über dessen Herkunft, Beruf und Vermögenslage weiß und demzufolge auch nicht einschätzen kann, ob die Mietzahlungen regelmäßig fließen werden.

Nicht selten versuchen ausländische Mieter in festgefahrenen Situationen durch Verhandlungsgeschick die Lage zu entschärfen und sind verwundert, wenn mallorquinische Vermieter dennoch nicht bereit sind, ihre Forderungen bescheidener zu formulieren. Mallorquiner sind hartnäckig im Verhandeln, wenn es um ihr Eigentum geht, und sie sind nicht gewillt, dieses Eigentum kampflos einem Mieter zu überlassen, der möglicherweise die vereinbarten Mieten nicht aufbringen kann. Wer als ausländischer Mietinteressent meint, er hätte es in diesem Fall mit einem besonders eigensinnigen Exemplar zu tun, wird eines Besseren belehrt, wenn er den zweiten und dritten mallorquinischen Vermieter trifft. Bei diesen Begegnungen lernt ein ausländischer Mieter schnell: Malloquiner ticken anders! Ihr Inseldasein hat sie immun gegen die Interessen der restlichen Weltbevölkerung gemacht. Sogar allen nicht katalan sprechenden Spaniern, die von den

Mallorquinern abschätzend als „foraster“ (Ausländer) bezeichnet werden, begegnet man misstrauisch. Wer mit mallorquinischen Vermieter über ein Mietobjekt verhandeln möchte, sollte im Vorfeld wissen, mit welcher Denkweise sein Gegenüber die Verhandlung führen wird.
Wenn Sie als ausländischer Mietinteressent mallorquinischen Vermietern näher kommen möchten, seien Sie zunächst sehr zurückhaltend und kratzen Sie nicht gleich zu massiv an den Forderungen Ihres zukünftigen Vermieters.
Die Forderung nach einer Mietpreissenkung ohne Gegenleistung wird auf Mallorca nicht mit Verhandlungsgeschick in Verbindung gebracht, sondern eher mit einem Mietinteressenten, der wahrscheinlich die Miete später nicht aufbringen kann.
Bieten Sie Ihrem Vermieter dagegen zunächst einmal mehr Sicherheit als er erwartet, indem Sie Ihren Beruf, Ihre Situation im Heimatland und vielleicht sogar Ihre Vermögenslage unmissverständlich darlegen. Wenn Sie der Meinung sind, das ginge niemanden etwas an, dann wird sich im Gegenzug die Höhe der Miete keinen Zentimeter in Ihre Richtung bewegen.
Lassen Sie gegebenenfalls alles erstmal sacken und kommen Sie mit einer gut durchdachten Strategie und einem Gegenangebot zurück. Sollte Ihr mallorquinischer Vermieter Ihnen zuvorkommen und von sich aus die Verhandlung vertagen, können fast Sie immer davon ausgehen, dass es keinen anderen Verhandlungstag mehr geben wird. Mit dieser Verhaltensweise sagt Ihnen ein Mallorquiner durch die Blume, dass es nichts mehr zu verhandeln gibt, weil es ihn nicht mehr interessiert. Sollten Sie sich jedoch mit Ihrem Verhandlungspartner einig werden, dann erwarten Sie nicht, dass jetzt alles innerhalb von wenigen Stunden in trockenen Tüchern verpackt ist. Es gibt auf Mallorca eine starke Tendenz, den Dingen ihren Lauf zu lassen und sie zu verschieben, egal wie wichtig sie sind. Nichts erledigt sich auf dieser Insel in Eile, auch dann nicht, wenn die Verspätung zusätzliche Kosten verursacht. Mallorquiner verabscheuen die Hast und be-

wegen sich mit einer Ruhe, die speziell nordeuropäische Großstädter an den Rand des Wahnsinns treiben kann. Die Zeit, so sagt man, ist der beste Verbündete der Inselbewohner. Falsche Hast wird als Ausdruck fehlender Lebensqualität empfunden. Wenn Sie mit diesem völlig anderem Zeitverständnis überhaupt nicht klar kommen, sollten sie sich eine andere Insel für Ihr Mietvorhaben aussuchen.
Alles kann sich während einer zeitlichen Verzögerung ändern. Auch Inhalte von *Mietverträgen*. Mallorquiner schätzen die Freiheit, vorteilhaftere Möglichkeiten wahrzunehmen. Sie sollten sich nicht wundern, wenn sich im besprochenen *Mietvertrag* plötzlich in der unterschriftsreifen Fassung unvorhergesehene Änderungen im letzten Augenblick ergeben haben.
Verunsicherte ausländische Mieter fragen sich, warum jemand, der etwas vermieten möchte, einen Mietinteressenten manchmal mit soviel Abneigung behandelt. Die Gründe liegen in der ruhigen Lebenseinstellung der Mallorquiner, in ihrem Stolz, in ihrer übertriebenen Skepsis und in ihrem Geschäftsgebaren, niemals Druck auszuüben oder bei Verhandlungen gar aggressiv zu werden. Und wenn Sie ehrlich zu sich selber sind, würden Sie wahrscheinlich genauso vorgehen, wenn ein Ausländer Ihr Mietobjekt in Deutschland anmieten möchte.

Mietmarkt – *siehe Vorwort, Anbieter von Mietobjekten*

Mietminderung – *siehe Reparaturen während des Mietverhältnisses*

Nach deutschem Recht spricht man von Mietminderung, wenn eine Mietsache Fehler oder Mängel aufweist und deshalb nur noch eine gekürzte *Miete* geschuldet wird. Bei einem Fehler oder Mangel der Mietsache ist die *Miete* automatisch, das heißt gesetzlich gemindert (vgl. § 536 BGB). Dies bedeutet, eine Mietminderung muss weder beantragt noch genehmigt werden. Im deutschen Mietrecht spielt in der Tat die Mietminderung eine große Rolle. Für die verschiedensten Störungen im Gebrauch einer Mietsache wurden in der Praxis verbindliche Prozentsätze erdacht, mit denen der Mieter die *Miete* reduzieren kann, wenn im Verlauf der *Mietdauer* Mängel auftreten.

Voraussetzungen für eine Mietminderung im deutschen Recht sind: Die Mängel dürfen nicht unerheblich sein. Der Mangel wurde nicht schuldhaft vom Mieter verursacht. Der Mieter hatte bei Vertragsunterzeichnung keine Kenntnis von dem Mangel und hätte diese Kenntnis bei der Vorabbesichtigung auch nicht erlangen können.

Ausgeschlossen ist die Mietminderung, wenn der Mieter den Mangel bei Vertragsschluss kannte; der Mangel dem Mieter bei Vertragsschluss wegen grober Fahrlässigkeit unbekannt geblieben ist und der Vermieter den Mangel nicht bewusst verschwiegen hat; der Mieter den Mangel bei Wohnungsübergabe kannte und sich seine Rechte bei der Annahme nicht vorbehalten hat; der Mieter einen Mangel, der während der Mietzeit auftrat, dem Vermieter nicht unverzüglich angezeigt hat und der Vermieter daher keine Abhilfe schaffen konnte.

Das Recht zur Mietminderung steht dem Mieter in Deutschland auch dann zu, wenn von der Vermieterseite Eigenschaften der Mietsache zugesichert worden sind, die tatsächlich nicht bestehen oder später wegfallen. Dies ist zum Beispiel der Fall, wenn der Vermieter beim Vertragsschluss zusichert, bestimmte Maßnahmen durchzuführen zu wollen, die den Wohnwert erhöhen. In Deutschland kann bei Wohnraummietverträgen auch das Recht zur Mietminderung vertraglich nicht ausgeschlossen werden.

Wenn Sie aus Deutschland kommen und in Spanien mieten wollen, können sie diese Regeln für die Mietminderung komplett vergessen. Die Minderungs-Übertreibungs-Spielchen sind in

Deutschland derart auf die Spitze getrieben worden, dass deutsche Mieter sogar in Spanien diesen Unsinn nicht aus ihren Köpfen bekommen und die gleichen Spielchen auch hier versuchen. Aber so einfach geht das im *spanischen Mietrecht* nicht. Meist wird hierbei übersehen, dass sich das *spanische Mietgesetz* vom Mietrecht im Heimatland in wesentlichen Punkten unterscheidet. So ist ausländischen Mietern oft nicht bekannt, dass es ein unmittelbares Mietminderungsrecht in Spanien gar nicht gibt. Wer in Verkennung dieser Rechtslage die *Miete* in Spanien trotzdem mindert, gibt seinem Vermieter die sofortige rechtliche Möglichkeit zur Räumung des Wohnraumes.

Obwohl die Mietminderung im Artikel 21 im *spanischen Mietgesetz* mehr schlecht als recht geregelt ist, haben Sie dennoch einen Anspruch auf Nachbesserung des *Mietobjektes*. Das einzige, was Sie tatsächlich tun können, um Ihren Mängelbeseitigungsanspruch geltend zu machen, ist eine Mitteilung an Ihren Vermieter, dass das Mietobjekt schwerwiegende Mängel aufweist. Dies können Sie jedoch nur durch eine notariell zugestellte Aufforderung Ihrem Vermieter bekannt geben und nicht durch mündlichen Zuruf. Nur durch dieses notarielle Schreiben, in dem die Mängel möglichst detailliert aufgeführt und beschrieben sind, können Sie hinterher beweisen, dass Sie die Mängel rechtzeitig dem Vermieter mitgeteilt haben.

Der Vermieter ist grundsätzlich verpflichtet alle Reparaturen, die die Bewohnbarkeit und die uneingeschränkte Nutzung des Mietobjektes gewährleisten, zu übernehmen. Diese Verpflichtung können Sie aber in Spanien nicht durch eine eigenmächtige Mietminderung erzwingen.
Laut Gesetz ist der einzige Grund für eine Mietminderung eine Reparatur an der Mietsache, die länger als 20 Tage dauert. Für den Fall, dass Reparaturarbeiten länger als 20 Tage andauern, wird die *Miete* für den Teil des Mietobjektes, der vom Mieter

nicht genutzt werden kann, proportional herabgesetzt. Dauert beispielsweise die Reparatur eines 5m² großen Badezimmers 30 Tage und ist der gesamte Wohnraum 100m² groß, dann könnten Sie die Miete um 5 Prozent kürzen.

Nach *spanischem Mietrecht* hat der Mieter die Pflicht, dem Vermieter Schäden am Mietobjekt rechtzeitig zu melden, indem er wie gesagt, den Weg der notariellen Abmahnung gehen muss.
In der Praxis geschieht aufgrund der Unkenntnis oft etwas ganz anderes. Der deutsche Mieter entdeckt beispielsweise eine feuchte Ecke mit Schimmelpilzbefall in einem Einbauschrank. Er teilt dies dem Vermieter mit, der zunächst keine Reaktion zeigt, weil er das für eine Bagatelle hält, die man seiner Meinung nach mit etwas Farbe aus der Welt schaffen kann. Der durch Radio und Fernsehen schlau gemachte deutsche Mieter wittert jedoch jetzt bereits gravierende Gesundheitsschäden für seine Familie und hält eigentlich die ganze Wohnung für unbewohnbar. Nach langem hin und her tut der deutsche Mieter genau das, was er aus Deutschland kennt, er mindert die *Miete*. Die Minderung der *Miete* im Alleingang ist jedoch im *spanischen Mietrecht* für den Mieter sehr gefährlich, weil bereits bei Nichtzahlung eines Teiles der *Miete* der Mieter auf Räumung verklagt werden kann. Gemäß Artikel 27 des *spanischen Mietgesetzes* kann der Vermieter den Vertrag rechtswirksam auflösen, wenn der Mieter die *Miete* nicht in voller Höhe zahlt. Und im gleichen Artikel wird auch geregelt, dass der Vermieter dem Mieter kündigen kann, wenn der Mieter die Durchführung der notwendigen Reparatur verweigert.

Mietnomaden

Der Begriff Mietnomade ist eine scherzhafte Anspielung auf die Lebensweise von Wandervölkern ohne feste Sesshaftigkeit. Es handelt sich hierbei um eine üble Form des Betruges zum Nachteil eines gutgläubigen Vermieters.

Die extremsten Fälle zahlungsunwilliger Mieter sind die so genannten Mietnomaden, die von einer *Mietwohnung* in die nächste ziehen, mit der Absicht, gar keine *Miete* oder nur zeitweise *Miete* zu zahlen. Sie kommen heute aus allen sozialen Schichten und sind nicht selten selber Opfer einer brutalen Leistungsgesellschaft, in der ein enormer Druck zu Überschuldung, Arbeitslosigkeit und zu gescheiterten selbständigen Existenzen führt. In vielen Fällen hinterlassen Mietnomaden die Mietobjekte in einem verwahrlosten Zustand.

Nach Schätzungen der Eigentümerschutzgemeinschaft Haus & Grund verzeichnen die Vermieter in Deutschland Mietausfälle durch rückständige oder ausbleibende Mietzahlungen in Höhe von rund 2,2 Milliarden Euro jährlich. Das auf die Absicherung von Mietausfallrisiken spezialisierte Unternehmen readyfact Deutschland geht davon aus, dass es rund 600.000 Fälle gibt, in denen die *Miete* vorsätzlich nicht gezahlt wird. Insgesamt gelten rund 30 Prozent aller *Mietverhältnisse* in Deutschland heute als belastet, da es zu unregelmäßigen Mietzahlungen kommt.

Obwohl über solche Vorkommnisse in neuerer Zeit auch vermehrt in den Medien auf Mallorca berichtet wurde, bleibt offen, ob dem eine tatsächliche Zunahme an Fällen zugrunde liegt oder ob darin nur ein allgemeines Risiko zum Ausdruck kommt, das mit der Vermietung eines Mietobjektes grundsätzlich verbunden ist.

Begünstigt wird das Mietnomadentum auf Mallorca derzeit noch dadurch, dass wegen der schleppenden Abarbeitung der Fälle durch Überlastung der Gerichte es oft sechs bis zwölf Monate dauert, bis ein vollstreckbares Räumungsurteil ergeht.

Der Vermieter trägt dabei die Kosten des Verfahrens und der Zwangsräumung und hat oft noch hohe Renovierungskosten. Diese beim Mieter einzutreiben scheitert oftmals an dessen Vermögenslosigkeit oder daran, dass ein ausländischer Mieter bereits das Land wieder verlassen hat.
Für viele private Vermieter auf Mallorca sind die Mieteinnahmen wichtiger Bestandteil ihres Einkommens, mit dem sie ihre Hypothekenzinsbelastung ausgleichen. Eigentümer mit nur einem Mietobjekt rechnen fest mit diesem monatlichen Geldeingang. Wenn der Mieter plötzlich nicht mehr zahlt, fallen bei finanzierten Immobilien wichtige Erträge weg. Für die Mehrzahl der spanischen Vermieter auf Mallorca können Mietausfälle zu einer großen finanziellen Belastung werden oder gar zur Zahlungsunfähigkeit führen. Am härtesten trifft es die Vermieter, bei denen die ausbleibenden Mietzahlungen ihre Altersversorgung gefährden.

Es gibt Bestrebungen, Mietnomaden sowie allgemein potentiell säumige Mieter schon im Vorwege zu identifizieren, indem sich der Vermieter von seinem zukünftigen Mieter beispielsweise einen Arbeitsvertrag oder einen *Gehaltsnachweis* (nómina) des Arbeitgebers vorlegen läßt oder sich gezielt mit dem Vorvermieter in Verbindung setzt. Vermieter, die ganz sicher gehen wollen, lassen sich nicht selten die ganze Jahresmiete im voraus bezahlen oder bestehen darauf, dass der Mieter eine *Bankbürgschaft* für Mietausfälle hinterlegt.

Wenn ein unvorsichtiger oder zu vertrauensseliger Vermieter schließlich doch durch einen Mietnomaden geschädigt wird, fängt für diesen Vermieter, wenn er auf die Mieteinnahmen angewiesen ist, oft ein langer Leidensweg an. Wo die Gerichte erbärmlich versagen, wird auch mal ein verzweifelter Vermieter in die Selbstjustiz getrieben. Nichtzahlende Mieter werden auf Mallorca bereits zunehmend durch schnelle illegale Eingreiftruppen unter

östlicher Leitung in die Mangel genommen, die hier einen Markt entdeckt haben und ihr Unwesen treiben. Für 50 Prozent der eingetriebenen Summe gehen einige Landsleute aus der ehemaligen sozialistischen Welt brutal zur Sache und halten säumige Mieter auch mal an den Füßen mit dem Kopf nach unten aus dem Fenster und klären auf diese Weise die verworrene Sachlage pragmatisch ab. Aus sicheren Quellen wissen wir, dass einige Vermieter mit diesen so genannten "Geldrückführungs-Unternehmen" gute Erfahrungen gemacht haben. In drei von vier Fällen wurden mit gewöhnungsbedürftigen Methoden auf Erfolgsbasis rund 70 Prozent der ausstehenden Mieten "eingeklagt" und der Rest durch Sachleistungen beglichen.
Wer jedoch als Vermieter soweit geht, lebt auch in Spanien bereits in der Kriminalität. Spanische Gerichte verhängen nämlich schon bei kleineren Delikten empfindliche Gefängnisstrafen für Vermieter, die ihre nicht zahlenden Mieter terrorisieren. Im Jahr 2008 gingen folgende Berichte als abschreckende Beispiele durch die Presse: Zwei Wohnungseigentümer wurden in Barcelona mit Gefängnis wegen Nötigung ihrer Mieter bestraft. In der Urteilsverkündung hieß es, dass die Mieter drei Monate lang massiv belästigt und bedroht wurden, indem man ihnen wiederholt den Strom abschaltete, die Wasserzufuhr absperrte und die Schlüssellöcher ihrer Wohnungstüren mit Silikon verstopfte. In Bilbao wurden vier Vermieter zu Haftstrafen zwischen 39 und 69 Monaten verurteilt, die in gemeinschaftlicher Nötigungen und Bedrohungen von Mietern verwickelt waren. Der Richter in diesem Urteil sprach von mehrfacher, ununterbrochener und geplanter Ausübung von Belästigungen und Druck auf die Mieter über einen Zeitraum von 14 Monaten.

Aber es gibt auch gute Nachrichten für Vermieter. Im Oktober 2008 konnte man aus der Presse erfahren, dass eine Gesetzesänderung zugunsten einer Express-Zwangsräumung näher rückt. Der allgemeine Rat für spanische Gesetzgebung hat einen vor-

läufigen Reformentwurf des *Mietrechts* in Aussicht gestellt, der in Kürze der Regierung unterbreitet werden soll. Die Hauptneuigkeit der geplanten Gesetzesänderungen ist die Reform und die Einführung einer so genannten Express-Zwangsräumung, die den Mieter verpflichtet, das Mietobjekt innerhalb eines Monats zu verlassen, wenn er seine Miete nicht zahlt.
Die beste legale Möglichkeit der „Selbstjustiz" ist jedoch derzeit die vertragliche Vereinbarung eines Schiedsgerichtsverfahrens, das seit einigen Jahren den Vermietern als "Plan Nacional de Alquiler Garantizado", abgekürzt PNAG, verkauft wird. Dieser "nationale Plan der gesicherten Vermietungen" wurde vor einigen Jahren ins Leben gerufen, um Vermieter zu schützen, deren allgemeines Vermietungsrisiko zu mindern und um langwierige und kostspielige Gerichtsverfahren zu vereinfachen und abzukürzen. Der Hintergrund dafür sind die unerträglich langsam arbeitenden spanischen Justizsysteme und die nicht funktionierenden Gerichtsorganisationen. Bei Streitigkeiten mit Mietern kann der Gang zu den Gerichten vermieden werden, wenn sich der Vermieter bei Vertragsunterzeichnung gleichzeitig auch das PNAG-Formular vom Mieter unterschreiben lässt. Der Garantieplan regelt durch ein Schiedsgericht (corte de arbitraje) die möglichen Streitfälle bei Mietverträgen. Obwohl das Schiedsgerichtsverfahren die Gerichte umgeht und außerhalb der Justiz stattfindet, ist es ein gesetzlich geregeltes Verfahren, das mit einem vollstreckbaren Titel endet. Im spanischen Schiedsgerichtsgesetz - Ley de Arbitraje 60/2003 - ist geregelt, in welcher Form ein derartiges Verfahren durchgeführt werden muss. Bei einem Schiedsgerichtsverfahren erfolgt spätestens nach 45 Tagen ein rechtsverbindlicher Schiedsspruch, der die gleiche Bedeutung wie ein richterliches Urteil hat. Innerhalb von drei Monaten wird schließlich der Streitfall zum Abschluss gebracht.

Der „Plan Nacional de Alquiler Garantizado" greift in folgenden Fällen:

- bei Nichtzahlung der *Miete,*
- bei Nichtzahlung von *Nebenkosten,*
- bei Nichterneuerung einer *Bankbürgschaft* durch den Mieter,
- bei Schadensersatzansprüchen des Vermieters gegen den Mieter (z.B. Beschädigungen des Mietobjektes oder des Inventars),
- bei unerlaubter *Untervermietung* durch den Mieter,
- bei durchgeführten baulichen Veränderungen am Mietobjekt ohne schriftliches Einverständnis des Vermieters.

Die Schiedsrichter sind in der Regel pensionierte Richter, Rechtsanwälte, aber auch sonstige fachlich versierte Personen wie beispielsweise Ärzte oder Architekten.
Im Schiedsgerichtsverfahren besteht keine Anwesenheitspflicht der *Mietparteien* und, was ein großer Vorteil ist, es werden keine Anwälte und keine Prozessvertreter (Procuradores) benötigt. Im spanischen Zivilprozess muss dagegen jede Partei bei der Verhandlung immer präsent oder vertreten sein. Um zu vermeiden, dass Kläger oder Beklagter stets dem Prozess beiwohnen müssen, setzt jede Partei deshalb einen „Procurador" ein. Er führt mit Mandanten-Vollmacht in deren Abwesenheit alle Prozesshandlungen durch. In der Praxis hat sich dieser Beruf zum Boten des Rechtsanwaltes entwickelt. Der Procurador nimmt die Entscheidungen und Benachrichtigungen des Gerichts entgegen und übergibt sie dem Anwalt. Der Procurador enthält seine Vergütung nach einer durch das Justizministerium erlassenen Gebührentabelle. In Zivilprozessen wird nach Streitwert abgerechnet.
Für den Abschluss einer "Garantía de Alquiler" wird dagegen lediglich eine einmalige Gebühr von derzeit 42 € fällig. Bei Eintritt in ein Schlichtungsverfahren fallen 90 € Kosten und 55 € Bearbeitungsgebühr an. Diese Beträge gehen zu Lasten der verlierenden *Mietpartei.*

Mietparteien – *siehe Miete, Mietvertrag, Vertragsparteien*

Im *Mietvertrag* werden die Mietparteien als Mieter (arrendatario) und Vermieter (arrendador) bezeichent. Rechtlich gesehen verpflichtet sich der Vermieter, dem Mieter den Gebrauch eines Mietobjektes während der *Mietdauer* zu überlassen und in einem vertragsgemäßen Zustand zu übergeben. Die Einzelheiten dieses Rechtsgeschäftes werden in einem *Mietvertrag* festgehalten und von beiden Parteien unterschrieben.

Mietpreise – *siehe Miete*

Vergessen Sie auf Mallorca ortsübliche *Vergleichsmieten*, *Mietspiegel* oder gar auf die Spitze getriebene qualifizierte und ökologische Mietspiegel. Gemäß Artikel 17, Absatz 1 des *spanischen Mietrechts* kann nämlich die Miete von den *Vertragsparteien* frei vereinbart werden. Demzufolge dürfen beispielsweise gleich große *Mietwohnungen* in einem Appartementkomplex durchaus zu deutlich unterschiedlichen Mietpreisen angeboten werden. Und Vermieter, die im Gegensatz zum Vermieter einer Nachbarwohnung eine höherwertige Ausstattung oder gar einen Meerblick anbieten, werden sich diesen Unterschied auch vergolden lassen.

Für eine nicht außergewöhnliche 100m² große zwei-Schlafzimmer *Mietwohnung* wird beispielsweise in der Stadt Palma durchschnittlich 700 € Monatsmiete verlangt. Für mittleren Standard zahlen Sie außerhalb Palmas 9 € und mehr pro m², und im gehobenen Segment können es schnell mal über 13 € pro m² werden. Eine 100m² Luxuswohnung am Meer in *Santa Ponsa* findet für 1.800 € Monatsmiete schnell einen Langzeitmieter. Freistehende Häuser in Küstennähe werden selten unter 2.000 € Monatsmiete angeboten. Bei *Fincas* kann die Miete auch schon mal weniger als

1.000 € pro Monat betragen, allerdings entspricht dann der Komfort dieser Häuser nicht unbedingt dem Anspruchsniveau eines nordeuropäischen Großstädters. Sehr oft bleibt auch die mündliche Zusage von nicht seriösen Vermittlern, dass ein Festnetztelefonanschluss für ein ländliches Mietobjekt innerhalb eines Monats kommt, bis in alle Ewigkeit leider nur ein Versprechen. Preiswerte *Fincas* und Landhäuser befinden sich außerdem selten in der Nähe der *internationalen Schulen.* Wer nicht drei bis vier Stunden am Tag damit beschäftigt sein will, seine Kinder hin- und herzufahren, der sollte bei den *Entfernungen* sehr genau hinschauen. Vielen fällt erst nach Abschluss des *Mietvertrages* auf, dass Mallorca eine große Insel ist.

Wie kommen nun Mietpreise auf Mallorca zustande? Mietforderungen sind auf den *Balearen* ständigen Bewegungen ausgesetzt und reflektieren grundsätzlich die Nachfrage. Die Untergrenze liegt in der Regel in der Nähe der Summe der monatlichen Kosten einer *Mietimmobilie*. Bei finanzierten Mietobjekten setzen sich diese Kosten aus den Hypothekenzinsen, den Gemeinschaftskosten bei Wohnanlagen, den Reparaturkosten bei Häusern und den Grundsteuern zusammen. Ist der Vermieter gezwungen, darunter zu vermieten, macht er Verlust. Wer seine Liegenschaft zu teuer eingekauft hat, wird kaum seine *Miete* mit großem Gewinnaufschlag festlegen können. Dazu ein Beispiel aus der Praxis: Herr Garcia will sein 200m² großes Eckreihenhaus mit *Swimmingpool* möbliert vermieten. Der Verkaufspreise würde bei 500.000 € liegen, aber es findet sich derzeit kein Käufer. Der Kredit steht noch bei 250.000 €. Seine monatlichen Betriebskosten setzen sich wie folgt zusammen: 1.300 € Hypothekenbelastung, 70 € Banknebenkosten, 80 € Gemeinschaftskosten, 200 € durchschnittlicher Reparaturaufwand und 50 € Grundsteuern. Als absolute Untergrenze würde Herr Garcia wahrscheinlich 1.700 € Miete monatlich ins Auge fassen. Und als Mietforderungen für ein unmöbliertes Haus würde er möglicherweise 2.000 € ansetzen.

Der theoretische Verhandlungsspielraum wären demnach 300 €, für den Fall, dass es eng wird.
Als Vergleich könnte ein Vermieter noch eine andere Rechnung machen. Für den Fall, dass er keine oder nur noch eine kleine Hypothekenberlastung hat und sein Haus heute für 500.000 € verkaufen könnte, blieben ihm nach Steuern und Maklerprovisionen ungefähr 390.000 € netto. Diese Kapital könnte er mit 4 Prozent Verzinsung jährlich anlegen und demnach theoretisch damit 1.300 € monatliche Zinseinnahmen erzielen. Die Vermietung seines Hauses sollte deshalb auch mindestens diese Summe nach Steuern erwirtschaften.
Wenn jedoch ein Vermieter möbliert vermieten möchte, wird er schließlich für dieses Haus, je nach Qualität der Ausstattung, mindestens 2.200€ Miete ansetzen. Dies entspricht einem m^2-Preis von 11€. Würde sein Haus jetzt noch Meerblick haben und im *Südwesten Mallorcas*, zum Beispiel in *Santa Ponsa* liegen, würde Herr Garcia mit Sicherheit seine *Miete* nicht unter 14 € pro m^2 festlegen.
In diesen Berechnungen sind jedoch Faktoren enthalten, die Sie als Mieter in der Regel nicht kennen und die man Ihnen auch nicht mitteilen wird. Als ausländischer Mieter haben Sie deshalb im Alleingang ohne professionelle Hilfe kaum eine Chance den Verhandlungsspielraum richtig auszuloten, wenn Sie von diesen Kostengrößen in Spanien keine Vorstellung haben.

Stellt sich jetzt die Frage, wo die Obergrenze für die Berechnung der Miete liegt? Auf Mallorca zählt erstens Lage, zweitens Lage und drittens Lage. Liegt Ihre Traummietwohnung mit hochwertigem Mobiliar ausgestattet, südwestorientiert direkt am Meer mit paradiesischen Sonnenuntergängen, eigenem Zugang zum Strand und in der obersten Etage, dann müssen Sie sich mindestens mit 20 € pro m^2 anfreunden.
Ein *Swimmingpool*, eine Garage, eine Komfortausstattung mit *Heizung* und *Klimaanlage*, Strand- und Palmanähe sowie ein

Meerblick erhöhen grundsätzlich die Mietforderungen. Nach oben sind keine Grenzen gesetzt. Auf der begehrten Insel Mallorca werden auch traumhafte Luxusvillen in Spitzenlage als Langzeitmietobjekte zu *Mietpreisen* angeboten, die sich so manch einer kaum vorstellen kann. In Porto Andratx oder in *Son Vida* wird schnell mal die 10.000 € Grenze für eine Monatsmiete durchbrochen.

Mietpreisspiegel – *siehe Miete, Vergleichsmieten*

Mietrecht in Spanien – *siehe Mietgesetz, spanisches Mietrecht*

Ob der Traum von einer *Mietwohnung* oder einem gemietetem Haus auf Mallorca Wirklichkeit wird, hängt von vielen Faktoren ab. Ein fremdes Rechtssystem und unbekannte Marktgepflogenheiten können dem zukünftigen Mieter ungeahnte Fallstricke in den Weg legen, wenn er auf eigene Faust, ohne *professionelle Hilfe* in ein *Mietverhältnis* eintritt. Vor Ort kommt es deshalb vor allem darauf an, ob man mit einem seriösen und kompetenten *Vermietungsagenten* zusammenarbeitet. Genauso wichtig ist es, dass Sie sich zumindest mit den Grundzügen des *spanischen Mietrechts* vertraut machen.
Für die *Langzeitvermietung* von Wohnraum ist in Spanien das städtische *Mietrecht* (Ley de Arrendamientos Urbanos - LAU) zuständig. Wir haben in diesem Buch die *Gewerbevermietung* ausgeklammert. Das *spanische Mietgesetz* ist nicht, wie in Deutschland, Bestandteil des Bürgerlichen Gesetzbuches, sondern es existiert als selbständiges Gesetz neben dem Codigo Civil, dem *spanischen Bürgerlichen Gesetzbuch*. Das Codigo Civil gilt dennoch ersatzweise, wenn im *spanischen Mietrecht* keine entsprechenden Regelungen vorgesehen sind. Mit dem neuen *spani-*

schen Mietrecht gibt es ab dem 1. Januar 1995 erstmals zwei einschneidende Änderungen, nämlich der *Mietpreis* und die *Mietdauer* können von den *Vertragsparteien* frei ausgehandelt werden. In Bezug auf die *Miete* bedeutet dies, dass kein Vermieter irgendwelche *Mietpreisspiegel* oder sonstige Vorschriften bei der Festlegung seiner Mietforderung beachten muss, sondern den *Mietpreis* festlegen kann, den er für richtig hält. Bezüglich der frei verhandelbaren *Mietdauer* muss man klar erkennen, dass die Freiheit auch Grenzen hat. Was nützt es einem Vermieter, wenn er mit seinem Mieter eine Mietdauer von 12 Monaten aushandelt, und der Mieter danach dennoch das Recht hat, den Mietvertrag auch gegen den Willen seines Vermieters bis zu insgesamt fünf Jahren zu verlängern.

Im *spanischen Mietrecht* gibt es außerdem noch andere wichtige Regelungen, die sich vom deutschen Mietrecht grundlegend unterscheiden wie beispielsweise die *Kündigung des Mietverhältnisses*, die Regelung der *Mietkaution*, die *Mieterhöhung* und die *Mietminderung.*

Das *spanische Mietrecht* gilt ausschließlich für ständig genutzten Wohnraum. Es unterscheidet langfristige *Mietverträge* zu Wohnzwecken von solchen zu anderen Zwecken. Mit „zu anderen Zwecken" sind im Gesetz die *Saisonvermietungen*, *Ferienvermietungen* und die *gewerbliche Mietverhältnisse* gemeint.

Eine weitere Sonderregelung gilt für die Vermietung von Luxuswohnraum mit einer Fläche über 300m² oder mit einer Monatsmiete, die 5,5 mal höher als das spanische Mindestgehalt pro Monat ist. In diesen Fällen können die Verträge ebenfalls frei vereinbart werden und unterliegen nicht dem Mietgesetz.

Mietsicherheit - *siehe Kaution, Mietkaution, Gehaltsnachweis, Bankbürgschaft, Mietsicherheit durch Verpfändung, Mietvorauszahlung*

Eine Mietsicherheit kann je nach Absprache zwischen den *Mietparteien* in unterschiedlicher Weise gestellt werden. In Spanien üblich ist die *Mietkaution,* die gesetzlich im *Mietgesetz* im Artikel 36 geregelt ist.
Angesichts des umfangreichen Mieterschutzes verlangen viele Vermieter von Ihren Mietern zusätzliche Garantien. Einen *Gehaltsnachweis* (*nómina*), eine *Mietvorauszahlung* oder eine *Bankbürgschaft (aval bancario)* werden von Mallorcas Vermieter regelmäßig gefordert, wenn sie an Ausländer vermieten. Neuerdings kommt auch eine *Mietsicherheit durch Verpfändung* eines Sparbuchguthabens zum Einsatz.

Die beste nicht materielle Mietsicherheit kann jedoch nur der Mieter persönlich bieten. Wir treffen als *Vermittlungsagenten* gelegentlich auch extreme Aufschneider und Hochstapler, Republikflüchtige ohne Job oder Selbständige ohne Firma. Diese Leute haben als Mieter auf Mallorca kaum eine Chance. Die goldene Fake-Rolex, das teure Mietauto und ein weltweites sich im Aufbau befindliches Firmenimperium täuschen selten einen erfahrenen Vermieter. Spätestens nach der Frage, ob man gewillt sei, einen Teil der Jahresmiete im voraus zu zahlen, fliegt der Schwindel auf, wenn sich jetzt der provozierte Mieter mit Scheinargumenten auf das bezieht, was angeblich üblich oder unüblich bei *Mietverträgen* ist. Aufschneider oder Zahlungsunfähige werden zwar zunächst höflich empfangen, dann aber genauso höflich als zukünftige Mieter abgelehnt.

Wenn Sie auf Mallorca mieten möchten, strahlen Sie positiv Ihrem Vermieter ins Gesicht und sparen Sie sich zumindest bei der *Besichtigung* Ihre negativen Bemerkungen. Niemand erwartet von Ihnen eine Beurteilung des *Mietobjektes.* Trampeln Sie auch nicht auf den Nerven der Vermieter und *Vermittlungsagenten* herum, indem Sie bei jedem Mietobjekt betonen, dass es zu teuer sei. Teuer ist immer relativ. Alles was man sich nicht leisten kann, ist meist auch zu teuer.

Denken Sie daran, die Vermieter von wirklich erstklassigen und *qualitativ hochwertigen Mietobjekten* auf Mallorca können sich derzeit noch die Mieter und die dazu passenden Bedingungen aussuchen *(siehe Vermietermarkt)*. Das ganze läuft wie eine Casting-Show ab. Wenn Sie bei der Besichtigung das falsche Lied pfeifen oder arrogant wirken, werden Sie nicht in die engere Auswahl gelangen. Aus Sicherheitsgründen verzichten viele Vermieter lieber auf einen unsicheren Kandidaten.

Nehmen Sie das strenge Auswahlverfahren nicht auf die leichte Schulter. Zeigen Sie Ihrem Vermieter, wer Sie wirklich sind. Sagen Sie, dass Sie einen Job haben oder bekommen werden und in welcher Branche, oder bringen Sie gleich einen *Gehaltsnachweis* mit. Wenn Sie selbständig sind, dann sollten Sie wichtige Details Ihrer Firma parat haben und wenn vorhanden, einen Firmenprospekt und Ihre Visitenkarte mitbringen. Übertreiben Sie nicht, aber bringen Sie im Zweifelsfall ein nachprüfbares Image rüber. Da die meisten Menschen heutzutage nur Oberflächliches wahrnehmen, sollten Sie sich diese Schwäche unseres materiellen Zeitalters auch bei der Überzeugung eines Vermieters zu Nutze machen. Wenn Sie jedoch bereits mit einem goldenen Löffel im Mund geboren wurden, sollten Sie gleich eine *Mietvorauszahlung* als Sicherheit anbieten, falls Sie das Objekt Ihrer Träume gefunden haben und bevor es Ihnen ein anderer vor der Nase wegschnappen kann.

Mietsicherheit durch Verpfändung - *siehe Mietsicherheit*

Eine Mietsicherheit durch Verpfändung wird durch die gebräuchliche Verpfändung eines Sparguthabens vereinbart. Bei der Verpfändung eines Sparguthabens zahlt der Mieter den Betrag der *Mietsicherheit* auf ein auf ihn lautendes Sparkonto ein. Dann verpfändet er sein Recht an der Sparforderung an den Vermieter. Voraussetzungen sind weiterhin die Einigkeit der *Mietparteien* über die Entstehung eines dinglichen Pfandrechts des Vermieters an der Sparforderung sowie die Anzeige der Verpfändung gegenüber dem Kreditinstitut. Diese Art der *Mietsicherheit* zwischen einem ausländischen Mieter und seinem Vermieter war bis vor kurzem noch nicht sehr gebräuchlich auf Mallorca. Das schnelle und unkomplizierte Verfahren wird aber in Zukunft dazu führen, daß dieses Mittel der *Mietsicherung* häufiger genutzt wird. Die deutschen *Banken* und Sparkassen haben darüber bereits Vordrucke. Bei der Berliner Bank heißt dieses Formular beispielsweise "Vereinbarung über eine *Mietkaution*". Damit eröffnet der Mieter ein Kautionskonto, und es wird eine Verzinsung mit dem jeweils geltenden Zinssatz für Spareinlagen vereinbart. Nach vollständiger Zahlung des Kautionssumme erhält der Vermieter eine gesonderte Verpfändungserklärung. Als Sicherheit für alle gegenwärtigen und zukünftigen Ansprüche des Vermieters aus dem bestehenden *Mietverhältnis* verpfändet der Mieter das auf dem Kündigungsgeldkonto jeweils unterhaltene Guthaben zuzüglich der darauf anfallenden Zinsen mit der Maßgabe, dass der Vermieter ohne besonderen Nachweis der Fälligkeit der gesicherten Ansprüche berechtigt ist, bei Fälligkeit des verpfändeten Guthabens Auszahlungen von der *Bank* zu verlangen. Der Vermieter ist berechtigt, das Guthaben zu kündigen und jederzeit Auskunft über das Konto zu erhalten. Problematisch ist diese Art der Mietsicherheit nur für den Fall, dass ein Vermieter kein Wort deutsch versteht und sich weigert eine Sicherheit zu akzeptieren, die er nicht nachvollziehen kann.

Mietverhältnis – *siehe Mietvertrag, Mietdauer und Kündigung*

Mietvertrag – *siehe Langzeitmietvertrag, zeitlich befristete Mietverträge, Mietgesetz*

Der Mietvertrag über Wohnraum (contrato de arrendamiento de vivienda) ist ein gegenseitiger schuldrechtlicher Vertrag und im Unterschied zum Kauf, bei dem es um die Übereignung einer Immobilie geht, stellt der Mietvertrag einen Gebrauchsüberlassungsvertrag dar. Der Vermieter hat dabei die Hauptpflicht, den Wohnraum dem Mieter in einem zum vertragsgemäßen Gebrauch geeigneten Zustand zu überlassen und ihn während der *Mietdauer* zu erhalten. Im Gegensatz zur Instandhaltungspflicht des Vermieters ist es die Hauptpflicht des Mieters, die vereinbarte *Miete* zu zahlen oder statt dessen eine vereinbarte Gegenleistung zu erbringen.

Bei *Mietverträgen* über Wohnraum gibt es in Spanien keinen Formzwang. Artikel 37 des *spanischen Mietgesetzes* bestimmt, dass sich die Parteien zwar gegenseitig auffordern können, den *Mietvertrag* schriftlich zu formulieren, sie müssen es aber nicht. Auch bei einer mündlichen Vereinbarung kommt ein rechtsgültiger *Mietvertrag* zustande. Obwohl die formfreie, mündliche Version erlaubt ist, wird sich niemand in der Praxis darauf verlassen. Sie sollten grundsätzlich immer auf einen schriftlichen Mietvertrag bestehen. Im Fall der Schriftform müssen aus dem Vertrag mindestens die Identität und die Anschriften der Vertragsparteien, die Beschreibung und der Standort des Mietobjektes, die

Miethöhe, die *Dauer des Mietverhältnisses* und der Gerichtsstand hervorgehen.
Die Unterschriften des Mieters und des Vermieters müssen nicht auf dem 7selben Exemplar enthalten sein. Es genügt, wenn jede Partei auf dem Exemplar des anderen unterzeichnet. Allerdings muss es sich um identische Vertragsexemplare handeln.

Eine heikle Situation könnte durch die Formfreiheit beim Mietvertrag dadurch entstehen, dass bereits bei Zahlung einer *Reservierungssumme* oder der *Kaution* bei der *Reservierung* eines Mietobjektes eine der *Vertragsparteien* darauf besteht, dass ein mündlicher Mietvertrag zustandegekommen ist. Laut Gesetz wäre das der Fall, und eine Klage des Vermieters auf *Zahlung der gesamten Jahresmiete* könnte theoretisch die Folge sein, wenn der Mieter das Mietobjekt nicht annimmt. Umgekehrt könnte aber auch die Rückzahlung der *Reservierungssumme* durch den Vermieter an den Mieter aufgrund eines mündlich zustande gekommenen Mietvertrages Schadensersatzforderungen des Mieters an den Vermieter nach sich ziehen.

Wer ein Mietobjekt langfristig mieten möchte, sollte unbedingt einen detaillierten Mietvertrag abschließen. Dieser Vertrag kann von einem professionellen *Vermietungsagenten* oder einem Anwalt erstellt werden. Man kann aber auch einen Standardvordruck in einem Papierwarenladen (Papeleria) kaufen. Es stehen vier Verträge zur Wahl:

- langfristiger Mietvertrag (Contrato de arrendamiento de vivienda),
- *befristeter Mietvertrag* (Contrato de vivienda por temporada),
- Vertrag für Parkplätze (Contrato de plaza de aparcamiento),

- Vertrag für Geschäftsvermietung (Contrato de negocio y asimilados).

Auch wenn beide Parteien Nicht-Spanier sein sollten und der Vertrag nicht in Spanien geschlossen wurde, ist das *spanische Mietgesetz* die Rechtsgrundlage, wenn sich das Mietobjekt in Spanien befindet, und der Mietvertrag gilt als vor Ort geschlossen. Wir möchten das an dieser Stelle erwähnen, weil wir es erlebt haben, dass ein deutscher Vermieter auf Mallorca einem Landsmann einen deutschen Standardmietvertrag unter die Nase gehalten hat, und sein neuer Mieter diesen Vertrag, ohne mit der Wimper zu zucken, unterschrieben hat.
Ein Mietvertrag muss in Spanien nicht notariell erstellt oder beglaubigt werden, und es fallen für die *Vertragsparteien* bei Vertragsabschluss keine Steuern oder Abgaben an.

Mietvorauszahlung – *siehe Sicherheiten, Verhandlungsspielraum bei Mietobjekten*

Die meisten *Vermieter* verlassen sich heute nicht mehr darauf, dass die hinterlegte *Mietkaution* in Höhe von einer oder zwei Monatsmieten das Risiko des Mietausfalls abdeckt. Seitdem vor allem ausländische Mieter vermehrt die *Kaution* dazu verwenden, um die Mietzahlungen in den letzten Vertragsmonaten auf Null zu reduzieren, indem sie einfach gegen Ende der Vertragszeit keine *Miete* mehr zahlen, verlangen Mallorcas Vermieter zunehmend zusätzliche Sicherheiten. Mietvorauszahlungen in unterschiedlichen Höhen verlangt derzeit jeder vierte Vermieter. Ein Mieter, der mit einer derartigen Forderung konfrontiert wird, sollte dem Vermieter ein Gegenangebot machen. Das Angebot eines Mieters an einen Vermieter, die Miete im voraus an ihn zu zahlen, kann dem Mieter nämlich je nach Verhandlungsgeschick und Höhe der Vorauszahlung bis zu 10 Prozent *Mietersparnis* einbringen.

In der Praxis wird auf Mallorca die *Vorauszahlung der Jahresmiete* verlangt. Da eine Mietvorauszahlung einem Vermieter maximale Sicherheit in Bezug auf den Eingang der Miete beschert, und weil jeder Vermieter ein Maximum an Sicherheit sucht, sollte jeder Mieter, wenn er es sich leisten kann, diese Möglichkeit der *Mietreduzierung* in Erwägung ziehen, auch wenn Sie nicht verlangt wird. Da jedoch der *Mietmarkt* für erstklassige Mietobjekte auf Mallorca derzeit noch ein *Vermietermarkt* mit hoher Nachfrage ist, kommt es allerdings oft gar nicht mehr dazu, dass der Mieter dieses Angebot einer Mietvorauszahlung machen kann, weil einige Vermieter ohne eine Vorauszahlung der Miete ihr Mietobjekt überhaupt nicht hergeben würden.

Es gibt bestimmte Varianten der Mietvorauszahlung:

- Der Mieter zahlt die Miete für 3, 6 oder 12 Monate im voraus. Die Vorauszahlung geht auf das Konto des Vermieters und verbleibt dort bis zum Vertragsende als Sicherheit. Sie wird somit als zusätzliche Mietgarantie verbucht. Der Mieter zahlt monatlich die vereinbarte Miete unabhängig von dieser Vorauszahlung. Das ist die teuerste Variante.

- Eine interessante Variante ist beispielsweise eine dreimonatige Mietvorauszahlung auf das Konto des Vermieters. Dieser Betrag wird vom Vermieter als zusätzliche Mietsicherheit zurückgehalten und dient als bereits geleistete Mietzahlung für die letzten drei Monate des Vertrages, in denen der Mieter dann keine Miete mehr zahlen muss. Das ist die schlaue Variante aus der Sicht des Vermieters.

- Der Mieter zahlt die Miete für 3, 6 oder 12 Monate im Voraus. Die Vorauszahlung geht auf das Konto des Vermieters. Der reduziert die Vorauszahlung jeweils um die fällige Monatsmiete, solange bis die Vorauszahlung die Bestandshöhe Null erreicht hat. Der Miete leistet jetzt wieder eine Vorauszahlung und der Vermieter bedient sich wieder monatlich aus dem Bestand. Das ist die beste Variante aus der Sicht des Mieters.

Mietwohnungen – *siehe Langzeitmietobjekte, Komfortwohnungen*

Mietwucher

Mietwucher wird in Deutschland mit einer Freiheitsstrafe bis zu drei Jahren oder mit Geldstrafe, in besonders schweren Fällen mit Freiheitsstrafe bis zu 10 Jahren bestraft. Im *spanischen Mietgesetz* dagegen wird ausdrücklich gesagt, dass der *Mietzins* von den *Vertragsparteien* frei vereinbart werden kann. Da es in Spanien keine Orientierungshilfen wie *Mietspiegel* oder *Vergleichsmieten* gibt, kann folglich Mietwucher auch nicht offiziell stattfinden und schon gar nicht strafrechtlich verfolgt werden. Im Klartext bedeutet das einerseits, jeder Vermieter setzt die *Miete* fest, die er für richtig hält. Und andererseits wird ja schließlich auch niemand gezwungen, zu überhöhten Preisen zu mieten.

Mietzins – *siehe Miete*

Mindestmietdauer – *siehe Mietdauer und Kündigung des Mietverhältnisses*

Mobiles Internet – *siehe kabelloser High-Speed-Internetzugang, Internetanschluss*

Möblierte und unmöblierte Mietobjekte

Auf Mallorca werden über 80 Prozent der Mietobjekte möbliert angeboten. Der Grund dafür liegt auf der Hand. Mallorca ist eine Ferieninsel und jeder Raum, in dem senkrecht ein Bett aufgestellt werden kann, geht in den Sommermonaten in die lukrative *Ferienvermietung.* Daraus können sich für Interessenten, die eine *Langzeitmiete* ins Auge fassen, Konsequenzen ergeben, mit denen sie nicht gerechnet haben.
Das Mobiliar von Mietobjekten, das mehrere Jahre der intensiven *Ferienvermietung* hinter sich hat, zeigt nicht selten unerträgliche Spuren der Abnutzung. Dennoch werden die heruntergewirtschafteten Möbel oft nicht gegen neue ausgetauscht, und die Mietobjekte werden nach der Ferienzeit mit diesem Mobiliar Langzeitmietern bedenkenlos angeboten. Wenn das Objekt keinen Dauermieter findet, steht es in der nächsten Saison für eine erneute Ferienvermietung wieder am Markt. Damit keine Missverständnisse aufkommen, auch Villen für 3.000 € Monatsmiete und darüber werden zum Teil mit Mobiliar vermietet, das man auch auf dem Sperrmüll gefunden haben könnte. Viele Vermieter zerbrechen sich darüber so lange nicht den Kopf, bis zu dem Zeitpunkt, an dem ein Mietinteressent die Frage stellt, ob das gesamte Mobiliar auch herausgenommen werden könnte, weil er eigene Möbel mitbringen möchte. An dieser Frage scheitern bereits viele *Mietverträge*. Die meisten Vermieter haben nämlich keine Möglichkeit, den gesamten Hausstand ihres Mietobjektes einzulagern. Zwar haben sich zwischenzeitlich professionelle Einlagerungsunternehmen auch auf dieses Problem eingestellt, aber sie verlangen für die Einlagerung je nach Volumen eine Gebühr bis zu 500 € im Monat.
Mietinteressenten meinen ausserdem regelmäßig, dass sie die Miete für ein Haus oder eine Wohnung herunterhandeln können, wenn der Vermieter die Möbel herausnimmt. Das Erstaunen ist dann groß, wenn der Vermieter Ihnen im Gegenteil bei Heraus-

nahme und Einlagerung der Möbel die Kosten dafür in Rechnung stellen will. Wenn Sie als Mieter diese Kosten nicht tragen wollen, wird man Ihnen wahrscheinlich keinen Mietvertrag geben und auf den nächsten Mieter warten, der vielleicht ein niedrigeres Anspruchsniveau hat als Sie. Eng wird es regelmäßig bei möblierten Wohnung. Die Einlagerung der Einrichtung kostet bei einer 120m²-Wohnung ungefähr 150 € im Monat. Bei einer Miete von 1.000 € ist kein Vermieter bereit, seine Möbel einzulagern und diese Kosten zu tragen.
Aber nicht nur deshalb weigern sich spanische Vermieter, die Möbel herauszunehmen. Aus Erfahrung überstehen die meisten Mietverhältnisse auf Mallorca nicht das erste Jahr, obwohl manch ein Newcomer sein Leben hier verbringen wollte. Mallorcas Vermieter kennen diese Kommen und Gehen der ausländischen Dauermieter und warten lieben auf den nächsten Mietinteressenten, der sich spontan in ihre Wohnungseinrichtung verliebt. Und da alles im Leben eine Frage des Anspruchsniveaus ist, gibt es, frei nach dem Motto „auf jeden Topf passt ein Deckel", auch diese Mieter, ob Sie das persönlich glauben wollen oder nicht.
Anders als in Deutschland verbleiben grundsätzlich die Einbauküchen auch bei unmöblierten Wohneinheiten im Mietobjekt und sind Eigentum der Vermieter.

Müllabfuhrgebühren – *siehe Nebenkosten*

Die Bezahlung der Müllabfuhrgebühren (tasas basuras) wird einmal jährlich von den Gemeinden auf Mallorca im Rahmen der Grundsteuer (Impuesto sobre Bienes Inmeubles) von den Immobilieneigentümern verlangt. Für die Beseitigung des Mülls wurde im Jahre 2008 ca 12€ pro Monat und Immobilie in Rechnung gestellt. Ihr Vermieter wird Sie wahrscheinlich am Jahresende bitten, den Jahresbetrag auf sein Konto zu überweisen. Wenn Sie Glück haben, wird er es auch mal vergessen oder sehr oft hat er die Müllabfuhrgebühren bereits in der Mietforderung kalkulatorisch berücksichtigt.

Multikulti auf Mallorca

Insgesamt lebten im Jahre 2008 auf den *Balearischen Inseln* 1.077.000 Menschen. Davon wurden über 223.000 Einwanderer aus über 80 verschiedenen Nationen gezählt. Allein in der Hauptstadt Palma leben und arbeiten mit ihren 400.000 Einwohnern 77.330 Ausländer. Den höchsten Ausländeranteil verzeichnen auf der Hauptinsel Mallorca allerdings die Gemeinden Deià mit 41,2 Prozent, Calvià mit 35,5 Prozent, Andratx mit 33,9 Prozent und Santanyi mit 32,4 Prozent.

Mit 20,7 Prozent Ausländeranteil sind die *Balearen* heute wahrhaftig Multikulti. Im Jahre 2008 ist der Anteil der ausländischen Zuwanderer um gewaltige 17,2 Prozent angestiegen. Weniger als die Hälfte aller Inselbewohner sind auf den Balearen geboren. Insbesondere Mallorca hat sich in rasanten Schritten in den letzten Jahren zu einem echten kosmopolitischen Modell in einer globalen Welt entwickelt.

Mit mehr als 33.000 deutschen Staatsbürgern, die offiziell auf den Balearen gemeldet sind, bilden die Deutschen die größte ausländische Einwanderergruppe. Mallorca ist für die meisten Deutschen eine sehr gute Wahl gewesen. Über 94 Prozent der deutschen Residenten, die sich an einer großen Leserumfrage der Zeitschrift "Mallorca-Magazin" beteiligten, haben ihren Umzug auf die Insel noch nie bereut. Für über 70 Prozent der befragten Leser ist Mallocra zu einer neuen Heimat geworden, die sie nie wieder verlassen möchten. An zweiter Stelle der Ausländer auf den Balearen liegen mit 22.000 Einwohnern britische Staatsbürger, gefolgt von 20.000 Marokkanern.

Ausländische Bewohner auf den Balearen
Stand 1. Januar 2008

Deutsche	33.208	14,89%
Briten	22.055	9,89%
Marokkaner	20.625	9,25%
Italiener	14.171	6,35%
Ecuatorianer	13.538	6,07%
Argentinier	12.328	5,53%
andere Ausländer	107.075	48,02%
Ausländer insgesamt	223.000	100,00%

Ausländer, die mehrere Sprachen sprechen waren auf dem Arbeitsmarkt schon immer heiß begehrt oder können ihre Fähigkeiten als selbständige Unternehmer im Dienstleistungssektor flexibel unter Beweis stellen. Ausländische Bewerber haben bereits durch ihre Sprachkenntnisse Vorteile, weil mallorquinische Unternehmen häufig Probleme haben, ihren Bedarf an Mitarbeitern mit Fremdsprachenkenntnissen zu decken.

Ob die Zahl der Ausländer in Zukunft weiter so rasant wächst, kann man aus heutiger Sicht bezweifeln. Vor allem Einwanderer aus südamerikanischen Ländern kehren Mallorca wegen der hohen Arbeitslosigkeit den Rücken und ziehen in ihre Heimatländer zurück. Viele Bauarbeiter aus Portugal, Rumänien und Polen warten seit 2006 vergeblich auf einen Job und fliegen angesichts der schlechten Prognosen wieder nach Hause.

Nebenkosten - *siehe Nettomiete, Kaltmiete*

Grundsätzlich wird in Spanien bei der *Langzeitvermietung* von Häusern eine *Nettomiete* vereinbart. Bei Wohnungen sind in der Mietforderung oft die *Gemeinschaftskosten* pauschal enthalten,

dennoch spricht man auch dann noch nicht von einer Warmmiete.
Hinter dem allgemeinen Begriff der Nebenkosten verbergen sich *Betriebskosten* für ein Mietobjekt, die zunächst dem Vermieter entstehen und alle individuellen, messbaren Verbräuche des Mieters.
Eine Umlage von Nebenkosten (gastos) auf den Mieter setzt eine vertragliche Vereinbarung zwischen Vermieter und Mieter voraus. Die zu tragenden Kosten und vor allem, wer sie zu tragen hat, sollten im *Mietvertrag* ausdrücklich und im einzelnen aufgeführt werden. Vereinbarungen über Umlageschlüssel sind in Spanien nicht üblich. Eine Nebenkostenabrechnung, wie sie im deutschsprachigen Raum gebräuchlich ist, wird auf Mallorca nicht praktiziert.
Die *Gemeinschaftskosten* sind die einzige Kostenart, die regelmäßig nach dem Anteil der *Konstruktionsfläche* verteilt wird. Diese Betriebskosten sind jedoch fast immer in der Miete enthalten und werden nicht am Jahresende auf den Mieter umgelegt. Das bedeutet aber auch, dass eine Nachforderung oder eine Rückerstattung entfällt. Als Mieter können Sie in den meisten Fällen auch die Höhe der Gemeinschaftskosten nicht nachvollziehen, weil man sie Ihnen nicht mitteilt, sondern die Miethöhe inklusive dieser Kosten festlegt.
Nicht selten versuchen Eigentümer ihre Grundsteuern (Impuestos sobre bienes inmuebles) auf den Mieter abzuwälzen. Nach dem alten Mietgesetz war das erlaubt. Im neue spanischen Mietrecht ergibt sich das nicht mehr.

Die Kosten für alle individuellen, messbaren Verbräuche und Dienstleistungen sowie die Installationen dafür muss der Mieter auf Mallorca selbst direkt an die jeweiligen Versorgungsunternehmen zahlen.

Folgende Kostenarten sollten vertraglich geregelt werden, und es sollte aus dem Mietvertrag eindeutig hervorgehen, wer sie übernimmt:

- *Gemeinschaftskosten.*
- Grundsteuern
- *Müllabfuhrgebühren*
- *Wasserkosten*
- *Stromkosten*
- *Heizkosten*
- *Telefon- und Internetkosten.*
- *Gartenpflegekosten*
- *Swimmingpoolpflegekosten*

Nettomiete – *Kaltmiete, Gemeinschaftskosten*

Als Nettomiete, auch Kaltmiete genannt, wird das Entgelt für die Überlassung des Wohnraumes bezeichnet. In diesem Betrag sind die anteiligen Betriebskosten für das Mietobjekt, die dem Eigentümer entstehen sowie die Kosten, die dem Mieter aufgrund abgeschlossener Lieferverträge für beispielsweise Strom oder Telefon entstehen, nicht enthalten.

Nettowohnfläche – *siehe Konstruktionsfläche*

NIE-Nummer

Die beiden wichtigsten Dokumente, die sich jeder ausländische Bürger der europäischen Union besorgen muss, der länger als drei Monate auf Mallorca bleiben möchte, ist eine NIE-Nummer (Número de Identidad de Extranjero) und einen Meldeschein für

Ausländer (Certificado de Registro) der den früheren Residentenausweis (Tarjeta de Residencia) ersetzt.
Bei der NIE-Nummer handelt es sich um die Identifikationsnummer für jeden Ausländer, der nicht die spanische Staatsbürgerschaft besitzt und in Spanien Rechtsgeschäfte tätigen möchte. Sie ist somit auch gleichzeitig Ihre zukünftige Steueridentifikationsnummer. Spanier haben anstelle eine NIF-Nummer (número de identificación fiscal), die mit der spanischen Personalausweisnummer übereinstimmt.

Ohne die spanische Steuernummer ist in Spanien fast gar nichts möglich. Eine NIE-Nummer brauchen Sie beispielsweise für:

- die Eröffnung eines Residenten-Bankkontos,
- die Anmeldung bei den *Strom*- und Wasserversorgern,
- die Anmeldung oder Beantragung eines Telefon- und *Internetanschlusses*,
- den Kauf oder Verkauf einer Immobilie in Spanien,
- die Anmeldung eines Kraftfahrzeuges,
- den Abschluss einer Fahrzeugversicherung,
- um eine Erbschaft zu empfangen,
- die Beantragung einer Betriebsgenehmigung,
- die Beantragung eines Darlehens oder eines anderen Kredites,
- Ihre Steuerzahlung,
- die Beantragung eines spanischen Führerscheins
- und für viele andere Angelegenheiten.

Die NIE-Nummer ist kostenlos erhältlich und einfach zu beantragen. Das Antragsformular für die NIE-Nummer bekommen Sie bei der Ausländerbehörde der Nationalpolizei (Oficina de Extranjero) in Palmas Industriegebiet Polígono de Levante in der Calle Ciudad de Querétaro. Diese Behörde öffnet um 9:00 Uhr und

befindet sich ungefähr dort, wo die Autobahn Richtung Flughafen-Llucmajor in Palma beginnt.
Als erstes benötigen Sie jedoch das Bareinzahlungsformular für die Meldegebühr. Dieses Formular müssen Sie sich direkt im Ausländeramt abholen. Die Meldebescheinigung beantragen Sie am linken Eingang, über dem das weiße Schild „Policía" steht.
Wenn Sie nur die Formulare abholen möchten (Solicitud de Certificado de registro como residente comunitario und Formulario para tasa) müssen Sie sich nicht in die Schlange links einreihen, sondern Sie warten rechts vom Eingang und erhalten dort die Formulare. Das Formular für die NIE-Nummer können Sie sich aber auch mit folgendem Link herunterladen: www.mir.es/SGACAVT/modelos/extranjeria/modelos_extranje/ex_16.pdf

Als erstes gehen Sie mit dem Bareinzahlungsformular zur Bank und zahlen den geforderten Betrag von derzeit 16 € in bar ein. Bei den meisten *Banken* können Sie Bareinzahlungen nur am Dienstag und am Donnerstag zwischen 8:30 und 10:00 Uhr tätigen. Die Banco de Credito Balear macht hier eine erfrischende kundenfreundliche Ausnahme. Bei dieser Bank können Sie jederzeit bar einzahlen, und Sie sollten sich deshalb den Namen dieser Bank für die Zukunft merken.
Bei Vorlage des Bareinzahlungsbeleges zusammen mit dem ausgefüllten Antrag für die NIE-Nummer mit Kopie und dem Reisepass oder Personalausweis mit Kopie bekommen Sie die NIE-Nummer im Ausländeramt sofort ausgehändigt.
Auf die Frage der Beamten, "wie lange Sie auf Mallorca bleiben möchten", antworten Sie stur mit "drei bis vier Monate". Damit umgehen Sie zunächst die Anmeldung im Rathaus (Empadronamiento) für den Fall, dass Sie noch keinen festen Wohnsitz auf Mallorca haben.
Im Antragsformular für eine NIE-Nummer (Solicitud de NIE) müssen Sie die folgenden Angaben machen:

- N° Pasaporte: **Ihre Reisepass-Nummer,**
- Datos Personales del Extranjero: **Ihre persönlichen Daten wie folgt**:
- 1er Apellido: **Nachname,**
- 2° Apellido: **zweiter Nachname** (falls nicht vorhanden, machen Sie Striche),
- Nombre: **Vorname**,
- Fecha de Nacimiento: **Geburtsdatum,**
- Lugar de nacimiento: **Geburtsort,**
- Sexo: **Geschlecht**, H für männlich (Hombre) und M für weiblich (Mujer),
- Estado Civil: **Familienstand**. S für allein stehend, C für verheiratet, V für verwitwet und D für getrennt,
- Pais de nacimiento: **Geburtsland,**
- Pais de nacionalidad: **Ihre Nationalität,**
- Nombre de padre: **Vorname des Vaters,**
- Nombre de la madre: **Vorname der Mutter,**
- Domicilio en España: **Ihre heutige Adresse in Spanien** (falls keine vorhanden, dann offen lassen),
- Lugar donde se solicita el NIE: **Beantragungsort der NIE-Nummer,**
- Datos relativos a la Solicitud (Motivo por el que solicita el NIE): **das Motiv für Ihren Antrag** - Economico, Profesional, Social: kreuzen Sie Profesional für beruflich an oder Social wenn Sie eine Immobilie kaufen möchten.
- Das Formular muss unter "firma de solicitante" von Ihnen eigenhändig unterschrieben und mit einem Datum versehen werden.

Postfach

Gelegentlich haben Häuser auf dem Land keine feste Adresse, dort wird auch keine Post zugestellt. In diesen Fall mietet man ein Postfach beim örtlichen Postamt, die Kosten belaufen sich auf ungefähr 35 € pro Jahr.

Privatschulen und staatliche Schulen

Auf Mallorca existieren drei Schultypen nebeneinander, die in ihren Anforderungen und Standards sehr unterschiedlich sind. Es gibt die spanische Regelschule, spanische Privatschulen und mehrere internationale Privatschulen. Die spanische Regelschule ist kostenlos und allen Residenten unabhängig von ihrer Nationalität zugänglich. Sie garantiert eine schnelle Integration in Kultur und Sprache. Die staatlichen Schulen verlangen keine Gebühren und die Einschreibung ist kostenlos. Allerdings müssen für Bücher, Mittagessen, Schultransport und Zusatzangebote wie Sport- und Musikunterricht jährlich ungefähr 500 € aufgewendet werden. Die Schulbücher bei Schulbeginn kosten circa 150 €.

Die meisten Ausländer schicken ihre Kinder dennoch auf die kostenpflichtigen Privatschulen. Diese Schulen haben zum Teil Wartelisten. Mieter mit Kindern finden nachstehend einen Überblick aller internationalen Privatschulen auf Mallorca. Da alle Privatschulen sich in der Nähe von Palma befinden, sollten Mieter, die ihre Kinder auf eine Privatschule schicken möchten, darauf achten, dass sie möglichst ein Mietobjekt mit kurzem Schulweg aussuchen. Manch einer unterschätzt anfangs die *Entfernungen auf Mallorca.* Wer zweimal am Tag von Arta seine Kinder in eine internationale Schule in Palma fahren muß, fragt sich spätestens nach einer Woche, ob er am richtigen Ende der Insel wohnt.

Die **Deutsche Schule Mallorca Südwest** finden Sie in *Santa Ponsa* in der Carrer del Riu Sil 2 (Tel 0034-971 696 647 - www.-mallorca-schule.de).
Diese Privatschule ist eine international ausgerichtete Ganztagsschule. Sie führt von der Vorschulklasse ab dem 3. Lebensjahr bis zur 10. Klasse. Als Grundlage der Vermittlung von Lerninhalten dieser Privatschule dient der bayrische Lehrplan. Die Klassengröße beträgt zwischen 6 und 10 Schüler. Es wird Deutsch, Englisch, Spanisch und Französisch gelehrt. Derzeit werden maximal 120 Schüler aufgenommen.

Den **Eurocampus – Deutsche Schule Mallorca** finden Sie in Palma in der Carrer de la Infanta 15. Diese deutsche Schule bildet in Zusammenarbeitet mit der Skandinavischen Schule den Eurocampus. Der Unterricht dieser Privatschule wird nach den Richtlinien und Lehrplänen des Bundeslandes Nordrhein-Westfalen erteilt. (Telefon 0034-971 733 730 - www.eurocampus-mallorca.org).
Im Sommer 2003 zog der Eurocampus Deutsche Schule Mallorca von Arenal in die **Skandinavische Schule** nach Palma. Beide Schulen teilen sich seitdem eine sehr schöne Jugendstilvilla im Viertel El Terreno, in Nachbarschaft zum **College Français**. In Spanien ist der Eurocampus die erste Schule, die eine Kooperation mit einer anderen europäischen Schule aufgenommen hat und nach diesem Modell arbeitet. Neben ökonomischen Interessen besteht das Ziel des Eurocampus auch darin, pädagogische Teamarbeit zu leisten.
Im gleichen Gebäude befindet sich auch der private deutsch-spanische Kindergarten, der eine enge Kooperation zum Eurocampus unterhält und entsprechend auf die erste Klasse vorbereitet.
Einschließlich Kindergarten besuchen 125 deutsche Kinder den Eurocampus. Eine wesentlich geringere Schülerzahl weist die Skandinavische Schule vor. Insgesamt lernen etwa 185 Kinder

auf dem Eurocampus. Die Umgangssprache auf dem Schulgelände ist Spanisch.
Durch die Zusammenarbeit von drei europäischen Schulen werden die Schüler schon sehr früh zu Europäern zu erzogen. Im soziokulturellen Umfeld werden die Kinder mit anderen Nationalitäten konfrontiert. Hier lernen sie Vorurteile abzubauen, respektvoll und tolerant mit anderen Menschen umzugehen. Sie werden ausgiebig Gelegenheit haben, den kulturellen Reichtum Europas, die Vielfalt der Sprachen, die unterschiedlichen Mentalitäten und wirtschaftliche Verhältnisse kennen zu lernen.

Das **Collegio Francés de Palma** liegt beim Eurocampus und hat die Telefonnummer 0034-971 737 920. Diese Schule ist eine vom französischen Staat subventionierte Auslandsschule, welche die Kinder vom Kindergarten (maternelle) bis hin zum Abitur (Baccalauréat) führt. Träger der Schule ist ein Schulverein. Zur Zeit wird diese Einrichtung von über 400 Schülern aus 17 Nationen besucht. Seit über 30 Jahren ist diese Schule in Palma etabliert und kann mit Stolz auf eine erfolgreich geleistete Arbeit zurück schauen. Sie zählt zu den 100 besten Schulen in ganz Spanien und ist die beste auf den Balearen. Das Leistungsniveau an dieser Schule ist dementsprechend hoch. In dieser Privatschule ist die Unterrichtssprache Französisch. Der Lehrplan folgt dem offiziellen französischen Curriculum und bereitet auch auf die spanische Universitätsaufnahmeprüfung vor. Neben Französisch wird auch Spanisch, Englisch und Katalan gelehrt.

The Swedish School on Mallorca ist Teil des Eurocampus und hat die Telefonnummer 0034-971 282 350. Diese Privatschule mit 50 Schülern wird von der schwedischen Regierung unterstützt. Sie bietet eine komplette Schulbildung und hat auch einen Kindergarten. Neben Schwedisch wird Norwegisch, Spanisch und Englisch unterrichtet. Diese skandinavische Schule besteht seit 40 Jahren. Sie führt vom Kindergarten bis zur 9. Klasse.

Das **Bellver International College** liegt in der Carrer Josep Costa Ferrer 5, in einem strandnahen Wohngebiet des Vorortes Calamayor drei Kilometer westlich von Palma. Diese Schule wurde 1950 gegründet und hat ungefähr 320 Schüler. Sie ist die älteste britische Privatschule auf Mallorca mit hohem Niveau. Das Moderne Schulgebäude besteht aus 22 Klassenzimmern, zwei wissenschaftlichen Labors, einer Bücherei, einer Turnhalle und einem Computerlabor. Unterrichtet wird nach dem Lehrplan des britischen Bildungssystems in englischer und spanischer Sprache. Zusätzlich wird Französisch, Deutsch und Katalan angeboten. Die Schule ist ein offizielles Cambridge & Edexcel Prüfungszentrum. (Telefon 0034-971 401 679 - www.bellvercollege.com).

Das **Queen´s College Mallorca** befindet sich in der Carrer Juan de Saridakis 64 im Palmavorort Genova. Diese Privatschule wurde 1977 gegründet und unterrichtet überwiegend englische und spanische Schüler nach dem britischem Bildungssystem. Das College bereitet auf die englische mittlere Reife und das Abitur vor, sowie auf gleichrangige Qualifikationen des spanischen Bildungssystems. Der Unterricht ist zweisprachig auf Englisch und Spanisch. Zusätzlich wird Deutsch und Französisch angeboten. Derzeit besuchen 315 Schüler im Alter von 3-18 Jahren diese Schule. (Telefon 0034.971 401 011 - www.qcmallorca.com).

Die **Baleares International School** liegt in der Carrer Cabo Mateu Coch 17 in einem strandnahen Wohngebiet des Vorortes Sant Agusti sechs Kilometer westlich von Palma. Diese akademisch orientierte Privatschule für die internationale Gemeinschaft wurde 1957 gegründet. Das Unterrichts-System basiert auf dem British National Curriculum of England and Wales hinführend zu GCSE.

Diese Schule unterrichtet ausländische Schüler unterschiedlicher Nationalität. Der Anteil deutscher Schüler ist relativ hoch. Deutsch wird als muttersprachlicher Unterricht angeboten. Diese

Schule wird voraussichtlich 2009 nach Magaluf in das ehemalige Scal-Schulgebäude umziehen. (Telefon 0034-971 403 161 - www.balearesint.net).

King Richard III College befindet sich in der Carrer Oratorio 4 in Strandnähe an der Südwestküste im Ort Portals Nous. Hier handelt es sich um eine unabhängige Ganztagsschule mit vollständiger Schulbildung bis zur 13. Klasse. Das Unterrichts-System dieser Privatschule basiert auf dem British National Curriculum hinführend zu IGCSE und dem Spanischen Curriculum für spanische Universitäten. Unterrichtet werden Kinder von 4-18 Jahren aller Nationalitäten. Wahlweise wird ein englischer oder englisch/spanischer Schulabschluss angeboten. Neben Englisch und Spanisch wird Deutsch und Französisch gelehrt. (Telefon 0034-971 675 850 - www.kingrichardcollege.com).

The Academy liegt nordöstlich von Palma in der Gemeinde Marratxi in der Camí de Son Ametler Vell. Das Unterrrichts-System dieser 1985 gegründeten privaten Vorbereitungsschule basiert auf dem British National Curriculum hinführend zu GCSE. Derzeit werden ungefähr 200 Schüler im Alter von 3 bis 14 Jahren in englischer, spanischer und deutscher Sprache unterrichtet. (Telefon 0034 971 60 50 08 - www.theacademyschool.com).

Professionelle Hilfe – *siehe Anbieter von Mietobjekten, Vermittlungsagenten für Mietobjekte*

Quadratmeterpreise – *siehe Mietpreise, Konstruktionsfläche*

Qualitativ hochwertige Mietobjekte – *siehe Komfortwohnungen*

Reparaturen während des Mietverhältnisses – *siehe Mietminderung*

Wer welche Reparaturkosten während des Mietverhältnisses zu tragen hat, wird im Artikel 21 des *spanischen Mietrechts* und weiterführend im Código Civil - dem spanischen Bürgerlichen Gesetzbuch - mit dem Artikel 1.554 (Derechos del arrendador y del arrendatario - Rechte des Vermieters und des Mieters) geregelt.

In Spanien ist grundsätzlich der Vermieter für die Instandhaltung der Wohnung verantwortlich. Die Bewohnbarkeit und die einwandfreie Nutzung des Mietobjektes muss vom Vermieter während der gesamten *Mietdauer* gewährleistet sein. Der Vermieter ist verpflichtet, das Mietobjekt in einem ordnungsgemäßen Zustand zu übergeben. Er hat für den Erhalt des Wohnraumes während der *Mietdauer* zu sorgen und er ist verpflichtet, alle Reparaturen zu übernehmen. Diese Verpflichtung wird nur für den Fall ausgesetzt, wenn ein Schaden vom Mieter verursacht wurde.

Der Mieter ist verpflichtet, dem Vermieter in kürzester Zeit über die Art und den angenommenen Umfang einer notwendigen Reparatur eine Mitteilung zu machen. Dazu muss er dem Vermieter oder vom Vermieter beauftragten Personen eine Überprüfung vor Ort gewähren.

Um drohende Schäden abzuwenden oder nicht zumutbare Unannehmlichkeiten zu vermeiden, darf der Mieter auch jederzeit Reparaturen in angemessener Art und Weise selber durchführen oder durchführen lassen. Die Kosten dafür kann er vom Vermieter verlangen, vorausgesetzt, der Vermieter wurde vorher vom Mieter benachrichtigt.

Eine Berechtigung zur *Mietminderung* besteht nur, wenn die Reparaturarbeiten länger als zwanzig Tage dauern.

Ist der Wohnraum unbewohnbar geworden, kann der Mieter den Vertrag bis zum Abschluss der notwendigen Reparatur unterbrechen oder wahlweise sogar auflösen.

Die Kosten für kleine Reparaturen und Bagatellschäden, die durch eine normale Abnutzung entstehen, müssen vom Mieter übernommen werden. Dies ist im *spanischen Mietrecht* verbindlich, auch wenn es nicht im *Mietvertrag* vereinbart wurde. Dem Mieter dürfen demnach nicht alle oder nur ganz bestimmte zumutbare Reparaturen auferlegt werden. Im *spanischen Mietrecht* gibt es keine Festlegung der maximalen Kostenhöhe, die dem Mieter abverlangt werden kann. Grundsätzlich wird deshalb in spanischen *Mietverträgen* auch keine Summe genannt, für die der Mieter aufkommen muss.

Weiterhin wird im Artikel 22 des *spanischen Mietrechts* bestimmt, dass Verbesserungs- und Renovierungsarbeiten, die zum Erhalt des Mietobjektes zwingend notwendig sind und nicht bis zum Vertragsende aufgeschoben werden können, vom Mieter geduldet werden müssen. Allerdings muss der Vermieter den Mieter mindestens drei Monate vor Beginn der geplanten Arbeiten schriftlich benachrichtigen. Der Mieter hat jedoch die Möglichkeit, innerhalb der Frist eines Monat nach der Benachrichtigung vom *Mietvertrag* zurückzutreten. Das *Mietverhältnis* endet dann in zwei Monaten nach dieser außerordentlichen Kündigung durch den Mieter.
Falls der Mieter die Renovierung duldet, ist er berechtigt, die Miete proportional für den nicht nutzbaren Wohnraum zu mindern, und er kann vom Vermieter eine Entschädigung verlangen, wenn ihm durch die Arbeiten Kosten entstehen, die er nicht verursacht hat.

Reservierung eines Mietobjektes – *siehe Mietdauer und Kündigung*

Unter einer Reservierung eines Mietobjektes für die *Langzeitmiete* versteht man die verbindliche Vormerkung zur Anmietung eines Hauses oder einer Wohnung mit einem festgelegten Mietbeginn in der Zukunft und einer bestimmten *Mietdauer.* Durch die Reservierung selbst kommt aber noch kein *Mietvertrag* zustande. Mit einer Reservierungshinterlegung, In der Regel in Höhe einer Monatsmiete, dokumentiert der zukünftige Mieter seine feste Absicht, das Mietobjekt zu den vereinbarten Bedingungen anzumieten.

Die einseitige Stornierung einer Reservierung durch den zukünftigen Mieter vor der Unterzeichnung des *Mietvertrages* führt fast immer zum Verlust der hinterlegten Reservierungssumme.

Eine unverbindliche Reservierung ohne eine Reservierungshinterlegung ist meist nur möglich, wenn Sie als zukünftiger Mieter wenige Tage bis zur Vertragszeichnung überbrücken wollen. In diese Zeit kann jedoch dem zukünftigen Vermieter etwas besseres einfallen, als mit Ihnen zum vereinbarten Termin einen *Mietvertrag* zu unterschreiben. Aber auch zukünftigen Mietern fällt mit herrlicher Regelmäßigkeit in der unverbindlichen Reservierungszeit etwas anderes ein, nämlich die Anmietung eines Mietobjektes, das ihnen besser gefällt als das reservierte.

Bei einer Reservierung müssen Sie auf Mallorca unterscheiden, ob es sich um ein nicht vermietetes oder um ein derzeit vermietetes Mietobjekt handelt. Die Problematik, die sich aus dem einen und aus dem anderen ergibt, ist grundlegend verschieden.

Lesen Sie dazu folgendes Beispiel aus der Praxis für eine nicht vermietete Doppelhaushälfte: Familie Müller aus Hannover sieht im Internet bei einer *Vermietungsagentur* 10 Bilder und eine detaillierte Beschreibung einer einwandfreien, möblierten Doppelhaushälfte im Zentrum von *Santa Ponsa* auf Mallorca. Die monatliche Miete wird mit 1.500 € angegeben. Das Mietobjekt steht sofort für eine *Langzeitvermietung* zur Verfügung. Müllers wollen in einem Monat das Haus für ein Jahr anmieten. Sie einigen sich mit dem Eigentümer, das Mietobjekt von Deutschland aus ohne vorherige Besichtigung für sie zu reservieren und zwar gegen Überweisung einer Reservierungssumme in Höhe einer Monatsmiete auf das Konto des spanischen Vermieters, die später als erste Mietzahlung verrechnet werden soll. Nach einem Monat reist Familie Müller mit drei kleinen Kindern zur Unterzeichnung des vorbereiteten Mietvertrages und zur Übernahme des Hauses an. Man trifft sich am Objekt mit dem Eigentümer, und der Makler führt die Familie im Haus herum. Es vergehen genau fünf Minuten und die Euphorie ist aus den Gesichtern der zukünftigen Mieter verschwunden. Um es kurz zu machen: Frau Müller meinte, das Haus hätte zu viele ungesicherte Treppen, zu wenig Garten und der Blick sei zwar schön aber nicht das, was man von Mallorca erwartet. Müllers zogen sich zur Beratung zurück und teilten dann dem Makler mit, dass sie das Haus nicht mieten möchten und Ihre Reservierungssumme zurückverlangen, weil das Mietobjekt nicht ihren Bedürfnissen gerecht wird. Nach kurzer Beratung mit dem Makler teilte der Eigentümer dem Mieter schließlich mit, dass er ein einwandfreies Mietobjekt ohne Mängel zur Verfügung stellt und er als Vermieter für subjektive Einschätzungen seines Mieters nicht zuständig sei. Außerdem hätte er ein email-Schreiben vom Mieter, mit dem eindeutig geklärt sei, dass die Reservierungssumme nur bei objektiven oder versteckten Mängeln der Mietsache zurückerstattet wird. Darüber hinaus hätte er einen Monat ohne Mieteinnahme gewartet und muss jetzt möglicherweise noch einen Monat auf Miete verzichten, falls er keinen anderen Mieter findet. Er sagte dies, schloss sein Haus ab und verschwand vom Grundstück. Der Mieter wartet heute noch auf die Rückerstattung seiner Reservierungszahlung.

Eine langfristige Reservierung für ein nicht vermietetes Objekt kann problematisch sein, weil sich bis zur Vertragsunterschrift einiges ereignen kann, das Sie nicht kontrollieren können und wodurch Ihr *Mietverhältnis* im Vorfeld sabotiert werden könnte. Stellen Sie sich vor, Ihrem zukünftigen Vermieter begegnet drei Wochen vor Mietvertragsunterschrift ein potentieller Käufer für seine Liegenschaft mit dem er zehn Tage später zum Notar geht. Jetzt haben Sie vielleicht bereits gepackt, und wenn Sie Glück haben, wird der Vermieter Ihnen Ihre Reservierungssumme zurückgegeben. Wenn Sie Pech haben, stehen Sie mit vollem Gottvertrauen, Ihrer Familie und mit Sack und Pack vor einem verkauften Haus, und Ihr Vermieter liegt bereits in der Karibik in der Sonne. Zugegeben, dies ist ein extremes Beispiel. Dazwischen gibt es aber unzählige Varianten, die dazu führen können, dass eine Reservierung nicht zum geplanten Ergebnis führt. Am häufigsten passiert folgendes: ein Vermieter läßt sich mit einem zukünftigen Mieter aus dem Ausland auf eine Reservierung von beispielsweise zwei Monaten ein, und der Mieter überweist eine Reservierungssumme in Höhe einer Monatsmiete. Zunächst bedeutet dieses Arrangement für den Vermieter einfach ausgedrückt der Verlust von zwei Monatsmieten. Wenige Tage nach dieser Absprache klopft ein anderer Vermietungsagent bei Ihrem zukünftigen Vermieter an und präsentiert einen Kunden, der sofort mieten möchte. Was meinen Sie, was ein unanständiger Vermieter jetzt macht? Richtig, er tritt von seinem Reservierungsversprechen zurück, und er wird Ihnen Ihre Reservierungssumme zurückgeben. Falls er das Geld nicht zurückerstattet, müssten Sie ihn verklagen, was in Spanien zu nichts führt.

Es macht demnach auch wenig Sinn, sich Monate vorher unbewohnte Mietobjekte anzuschauen, weil Ihnen kein Vermieter zwei, drei oder vier Monate vor Vertragsbeginn ein Mietobjekt reserviert, ohne dass Sie ihm den Mietausfall bis zum Vertragsbeginn bezahlen? Wenn ein Vermieter dennoch dazu bereit ist, Monate vorher eine Reservierung bis zum Mietbeginn anzunehmen, haben Sie sich wahrscheinlich Wohnraum reserviert, an dem Sie wenig Freude haben werden. Schlimmstenfalls hat man sie betrogen und die Wohnung wird Ihnen bei Mietbeginn gar nicht ausgehändigt.

Ganz anders verhält es sich mit derzeit vermieteten Objekten. Theoretisch könnten Sie ein derartiges Mietobjekt lange bevor es wieder frei wird reservieren, da der Vermieter sich ja noch in einem bezahlten Vertragsverhältnis befindet. Aber die Praxis sieht auch in diesem Fall ganz anders aus: Mieter haben in Spanien nach elf Monaten Mietdauer erstmals eine dreißigtägige *Kündigungsfrist,* und es ist demzufolge sinnlos, sich Mietobjekte vorher anzusehen, weil niemand weiß, wie sich letztendlich der Mieter entscheiden wird. Es kann nämlich auch sein, dass der jetzige Mieter seinen Vertrag einfach weiterlaufen lässt, was auf Mallorca keine Seltenheit ist.
Auch der Vermieter hat Optionen, nachdem der jetzige Mieter gekündigt hat. Er könnte beispielsweise seine Immobilie verkaufen oder wenn der Sommer bevorsteht, sein Mietobjekt für die gesamte Saison für teures Geld an Feriengäste vermieten. In beiden Fällen riskieren Sie, dass Ihre Reservierung platzt.
Dennoch, Reservierungen können Sinn machen. Sie sind auf Mallorca in der überwiegenden Zahl auch kein Problem und in den meisten Fällen führen sie zur Sicherung eines Mietobjektes. Allerdings sollten Sie dabei ein paar Grundregeln beachten:

- Vergewissern Sie sich vorher, ob das Mietobjekt die Eigenschaften besitzt, die für Sie wichtig sind und genau die Eigenschaften nicht besitzt, die Sie für unerträglich halten.

- Klären Sie ab, ob das Mietobjekt derzeit vermietet ist und der Mieter bereits schriftlich gekündigt hat.

- Suchen Sie sich Vermietungsagenten, die ihre Langzeitmietangebote seriös und sehr ausführlich beschreiben und mit ausreichend Fotos versehen. Sprüche klopfen wie „Wir setzen Maßstäbe" oder ähnliches Geschwafel helfen Ihnen nicht weiter.

- Was Sie brauchen sind Fakten. Bearbeitete Fotos bei extremen Weitwinkelexperten sollten Sie relativieren, denn ein 25m² großes Wohnzimmer kann mit Weitwinkeltechnologie wie ein Fußballfeld aussehen.

- Rufen Sie verschiedene Makler an, um herauszufinden, wer sein Geschäft versteht. Sprechen Sie dort mit der Person, die das Mietobjekt persönlich kennt, und lassen Sie sich auch das Umfeld des Mietobjektes genau erklären. Damit vermeiden Sie, daß Sie während Ihrer Mietzeit auf eine Baustelle, Autobahn oder gegen eine Mauer schauen. Seriöse Agenten bieten grundsätzlich keine Mietobjekte mit einer Leiche im Keller an. Zumindest weisen diese Vermittler Sie von sich aus auf Mängel hin.

- Bevorzugen Sie Vermittler, die einen kaufmännischen, technischen oder juristischen Hintergrund haben, wie beispielsweise Betriebswirte, Diplom-Kaufleute, Architekten oder Juristen. Der „Gestern war ich noch Koch, und heute bin ich schon Makler" Version sollten Sie prinzipiell misstrauisch gegenüberstehen, es sei denn, Ihr Gegenüber zeigt genügend Sachverstand und gewinnt so Ihr Vertrauen. Wenn Sie jedoch der Meinung sind, dass jeder Depp einen qualifizierten Vermittler spielen kann, dann werden Sie genau so einen Typen auf Mallorca treffen.

Reservierungsanzahlung – *siehe Mietdauer und Kündigung, Reservierung eines Mietobjektes*

Rückkaufsrecht des Mieters – *siehe Mietkauf*

Saisonmietverträge – *siehe befristete Mietverträge, Elf-Monatsmietvertrag*

Um es gleich vorwegzunehmen: Saisonmietverträge sind für Langzeitmieter nicht geeignet, es sei denn, Sie wollen auf Mallorca in der Hauptsaison beispielsweise als Koch arbeiten und danach wieder in Ihr Heimatland zurückkehren.

Bei Saisonverträgen handelt es sich um Mietverträge von kurzer Dauer bis zu maximal neun Monaten. Saisonverträge werden vorzugsweise mit Saisonarbeitern, die einen Wohnraum nur für eine Saison anmieten wollen geschlossen. Aber auch andere Personenkreise benötigen Saisonverträge wie Immobiliensuchende, Bauherren oder ältere Menschen, die beispielsweise auf Mallorca überwintern möchten, also grundsätzlich Personen, die ihren festen Wohnsitz in ihrem Heimatland für die Dauer des Mietverhältnisses nicht aufgeben wollen.
Soweit der Eigentümer seine Immobilie weiterhin zeitweise selbst nutzen möchte, wird er möglicherweise sein Mietobjekt beispielsweise an Saisonarbeiter vermieten, mit denen er einen Saisonmietvertrag schließt. Saisonmietverträge sind eindeutig als solche deklariert. Aus der Sicht des Vermieters haben sie den Vorteil, dass der Vertragsinhalt und die Mietdauer frei gestaltet werden kann, und dass sie zeitlich unbedingt befristet sind. Im *spanischen Mietrecht* werden Saisonmietverträge als eine Form der *gewerblichen Vermietung* betrachtet und die gewerblichen Mietverhältnisse richten sich grundsätzlich nach dem Willen der *Vertragsparteien.*

Santa Ponsa

Den im Herzen der *Südwestküste* gelegene Ferien- und Residentenort Santa Ponsa mit dem Villenortsteil Nova Santa Ponsa erreichen Sie von Palma kommend in 10 Autominuten über die neue vierspurige Schnellstraße. Die Entfernung zur Inselhauptstadt Palma beträgt etwa 20 Kilometer. Der beliebte Ort mit historischem Hintergrund gehört zur Gemeinde Calvià und liegt in der Nachbarschaft von Paguera und Andratx. Das touristische Zentrum von Santa Ponsa wird hauptsächlich von englischen und deutschen Urlaubern besucht. Der Ort zeichnet sich durch eine hervorragende Infrastruktur aus und bietet zwei Golfplätze, zwei Yachthäfen, herrliche Strände und eine deutsche Schule. Das touristische Zentrum gruppiert sich um eine lang gestreckte, von steilen Felswänden umgebene Bucht an deren Ende sich der große und 300m lange Sandstrand befindet. Entlang des Nord- und Südufers erstrecken sich die Villenbezirke wohlhabender Ausländer und Spanier. Hier auf den Hügeln rund um das Zentrum, wo sich auch zahlreiche Deutsche niedergelassen haben, liegen wunderschöne Appartementanlagen und herrliche Luxusvillen mit zum Teil grandiosem Meerblick. Mieter mit gehobenen Ansprüchen finden hier die meisten *qualitativ hochwertigen Langzeitmietobjekte.*

Schlüsselübergabe – *siehe Inventarliste*

Bei der Schlüsselübergabe sollte der unterzeichnete *Mietvertrag* einschließlich einer *Inventarliste* vorliegen. Meist fällt die Bestandsaufnahme für das Inventar mit dem Datum der Schlüsselübergabe zusammen.
Lassen Sie sich am Tage der Wohnungsübergabe alle technischen Details der *Mietwohnung* oder des Hauses erklären. Dazu gehören, beispielsweise die Funktionsweise der Elektrogeräte, der Kli-

maanlage, der *Heizung,* der Alarmanlage, der Sicherheitscodes bei gesicherten Wohnanlagen, der Stromverteilerkästen und bei Häusern die Swimmingpooltechnik.
Probieren Sie alle übergegenen Schlüssel sofort aus. Kopierte Schlüssel müssen oftmals nachgearbeitet werden damit sie passen.

Schnäppchenmiete – *siehe außergewöhnliche Mietobjekte*

Schulen auf Mallorca - *siehe Privatschulen und staatliche Schulen*

Son Vida

An sanften Berghängen, drei Kilometer nördlich von Palma, befindet sich der noble Villenort Son Vida, eines der teuersten Wohngebiete Europas. Die Aussicht von dort ist einmalig. Der Blick reicht über die Stadt Palma, weit über das mallorquinische Flachland bis zum Meer. Viele der aufwendig gebauten Luxus-Villen in Son Vida haben einen göttlichen Panoramablick aus der Vogelperspektive über die Hauptstadt und die Bucht von Palma.
Kernstück dieses exklusiven Wohngebietes sind der Son Vida Golfplatz und zwei außergewöhnliche Luxushotels, das renommierte Golfhotel Arabella Sheraton und das Castillo Hotel Son Vida, ein ehemaliges Schloß aus Naturstein und historischer Architektur, umgeben von einem subtropischen Park und dem Golfplatz Son Vida. Von der Terrasse des Castillo Hotels können Sie, vor allem bei Nacht, einen traumhaften Blick auf Palma genießen.

Son Vida gehört heute zu den exklusivsten Standorten der Insel. Alles begann mit einem Mann und einer Vision. Der Amerikaner

Stephen A. Kusak kaufte 1959 das Son Vida Schloss und baute es zu einem Hotel um. Gleichzeitig gründete er die Luxus-Urbanisation Son Vida und später den Son Vida Golf Club. Der Golfplatz Son Vida wurde 1964 von Rainer von Monaco eingeweiht und ist der älteste Golfplatz der Balearen. Umgeben von alten Bäumen und wunderschönen Herrenhäusern findet man ihn in mitten der luxuriösen Urbanisation Son Vida, nach der er auch benannt ist. Der Verlauf des Golfplatzes erstreckt sich über zwei sehr unterschiedliche Flächen. Hugelig im ersten Teil, mit unebenen und engen Bahnen bei den ersten neun Löchern und eben, mit flachen und weiten Bahnen im zweiten Teil.

In nur zehn Autominuten gelangen Sie von Son Vida zum Zentrum der Inselhauptstadt. Von Mallorcas Flughafen Son San Juan erreichen Sie Son Vida über die Autobahn Richtung Palma. Nach 5 km fahren Sie dann auf der Via Cintura Richtung Antratx und verlassen die Autobahn an der Ausfahrt Son Rapinya. Fahren Sie durch den Ort Son Rapinya in Richtung Son Vida. Bleiben Sie auf dieser Straße bis Sie die mit großen Villen bebauten Berghänge der Urbanisation erblicken. Bereits am bewachten Eingang von Son Vida werden Sie bemerken, dass hier die Mieten nicht für jedermann erschwinglich sind.
Die wunderschönen Luxusvillen von Son Vida stehen meist auf parkähnlich angelegten Grundstücken, die größer als 2.000m² sind. Wohnnutzflächen bis 1.000m² und mehr sind hier keine Seltenheit. Ab 6.000 € Monatsmiete können Sie, wenn Sie Glück haben, bereits eine dieser Villen anmieten.

Spanische Steuernummer - *siehe NIE-Nummer*

Spanisches Bürgerliches Gesetzbuch -
siehe Mietrecht in Spanien

Spanisches Mietgesetz – *siehe Mietrecht in Spanien*

Sprachen auf Mallorca – *siehe Katalanisierung*

Die Überschrift zu diesem Kapitel heißt „Sprachen auf Mallorca". Was fällt Ihnen dazu ein? Richtig: Spanisch, Englisch, Deutsch, vielleicht noch Französisch. In Deutschland spricht man Hochdeutsch, alle Engländer sprechen Englisch, und in Spanien wird Hochspanisch - Castellano - gesprochen. Wenn Sie das glauben, dann müssen Sie bereits bei Ihrer Ankunft auf Mallorca Ihre Meinung ändern. Sie werden nämlich mit zwei spanischen Sprachen konfrontiert, zum einen mit Castellano und zum anderen mit Mallorquin, ein Dialekt, den noch nicht einmal alle hier geborenen Mallorquiner perfekt beherrschen und den man darüber hinaus allen Festlandspaniern und Ausländern aufzwingt, die auf Mallorca leben und arbeiten. Noch nicht einmal König Juan Carlos und seine Familie, die ihren Sommersitz auf Mallorca hat, spricht diese Inselsprache. Dennoch verfügte die Balearenregierung 1997 in ihrem Gesetz zur sprachlichen Normalisierung, dass in allen Ämtern und auf allen Banken Mallorquin gesprochen werden soll und dass alle Formulare sprachlich angepasst werden müssen. Seitdem leben die Spanier im eigenen Land auf den *Balearen* mit zwei Sprachen, die sich zwar sehr ähnlich, aber dennoch nicht ähnlich genug sind, und deshalb für die einen sinnvoll und für die anderen sinnlos nebeneinander her existieren müssen. Diese neu geschaffene Sprachbarriere wird zum Teil bis zum Exzess durchgezogen, indem man beispielsweise auf allen öffentlichen Schildern die Beschriftung zweisprachig durchgesetzt hat, obwohl jeder Spanier jedes Schild problemlos verstehen würde, egal ob es auf Castellano oder Mallorquin beschriftet ist. Wenn auf dem gleichen Autobahnhinweisschild „est" und „este" nebeneinander steht, dann denkt so manch einer, dass jetzt das Ende der Zivilisation angebrochen sein muss.

Für einen Arbeitsplatz im öffentlichen Dienst ist das Beherrschen von Mallorquin Voraussetzung, was bedeutet, dass jeder Spanier aus einer anderen Provinz erst einmal eine Fremdsprache im eigenen Land erlernen muss, um einen dieser Arbeitsplätze zu besetzen. In den staatlichen Schulen Mallorcas muss mindestens 50 Prozent des Unterrichts in katalanischer Sprache abgehalten werden.
Dennoch, Mallorquin ist heute eine Realität. Diese Mundart ist mit der katalanischen Sprache (Catalán) verwandt, die in der Region Katalonien (Catalunya) gesprochen wird. Die autonome Gemeinschaft Katalonien mit der Hauptsadt Barcelona liegt im Nordosten der iberischen Halbinsel zwischen der Mittelmeerküste und den Pyrenäen.
Dieser alte, aber lebendige spanische Dialekt wird heute auf Mallorca staatlich mit einem absurden Aufwand gefördert. Ausländische Residenten und nicht katalanisch sprechenden Festlandspanier, die ihre Kinder auf mallorquinische Grundschulen schicken, betrachten diese Entwicklung mit gemischten Gefühlen. Während andere Kinder auf dieser Welt eine sinnvolle Fremdsprache wie beispielsweise Englisch erlernen, müssen über 50 Prozent der Kinder auf den Schulen der Balearen ihre Zeit mit dem Erlernen einer Sprache verbringen, die von 0,01167 Prozent der Weltbevölkerung gesprochen wird.

Wer sich dieser Problematik entziehen möchte, schickt seine Kinder auf eine der *internationalen Privatschulen*. Allerdings ist diese heile Welt nicht umsonst zu haben. Mallorcas *Privatschulen* lassen sich die Umgehung eines sinnlosen Sprachenkampfes teuer bezahlen. Einem Außenstehenden, der diesen Kampf aus der Vogelperspektive betrachten kann, stellt sich die Frage, warum ein Volk sich selbst und vor allem seinen Kindern das antut. Auf der ganzen Erde sprechen tausende von Völkern ihren eigenen Dialekt und versuchen dennoch die Verständigung untereinander mit einer übergreifende gemeinsamen Sprache zu verbessern.

Auf der fortschrittlichen Insel Singapur leben Chinesen, Malayen, Inder, Asiaten, Europäer und Amerikaner friedlich mit Englisch als Amtssprache nebeneinander her, und zuhause kann jeder seine eigene Sprache sprechen. Mallorca hat sich für den entgegengesetzten Weg entschieden.

Standardmietvertrag – *siehe Anbieter von Mietobjekten, Mietvertrag, Mietdauer*

Steueridentifikationsnummer für Ausländer – *siehe NIE-Nummer*

Strände auf Mallorca

Von der insgesamt 550 km langen Küste Mallorcas sind 50 km Sandstrände und Badebuchten. Über 200 Strände und zum Teil einsame Buchten mit einer Wasserqualität, die sich im Mittelmeerraum sehen lassen kann, laden zum beach-hopping ein. Gut hundert von Felsen umrahmte romantische Buchten gibt es allein an der Südostküste, von denen viele nur zu Fuß und mit guten Wanderkarten oder mit dem Boot zu erreichen sind.

Die Massenstrände Mallorcas mit feinem Sand, flachen Gewässern und großem Freizeitangebot finden Sie in Paguera, *Santa Ponsa,* Magaluf, Palmanova, Arenal, Cala Millor, Alcudia und an der Bucht von Pollenca.

Als offizielle Nacktbadestrände gelten die Cala Mago bei Portals Vells an der *Südwestküste*, ein Teil der Dünenlandschaft von Es Trenc im Süden bei Sa Rapita und die Cala Torta nordöstlich von Capdepera im Nordosten Mallorcas.

Stromanmeldung – *siehe Stromversorgung, Stromkosten*

Nach Abschluss eines Mietvertrages müssen Sie sich um ihre zukünftige *Stromversorgung* kümmern, es sei denn, Sie leben auf einer einsamen Finca, die sich selbst versorgt. Es gibt auf Mallorca für Sie als Mieter zwei Möglichkeiten, ihren zukünftigen Strombedarf beim Stromversorgungsunternehmen Gesa-Endesa zu decken:

- Der Eigentümer erhält die Rechnung vom Stromversorger und berechnet dem Mieter die Kosten für den monatlichen Verbrauch. Der Mieter überweist den Betrag an seinen Vermieter oder bezahlt die Stromkosten in bar. In diesem Fall wird der Mieter nicht bei der Gesa-Endesa registriert.

- Der Mieter erhält die Rechnung in seinem Namen und die Stromkosten werden von seinem Girokonto in Spanien abgebucht.

Gesa-Endesa ist verglichen mit der Telefonica ein relativ kundenfreundliches Unternehmen, das letztlich auch nur ihr Geld will, aber seine Kunden unbürokratisch und nicht wie Außerirdische behandelt. Die Anmeldung erfolgt telefonisch und ist mit einem Anruf normalerweise erledigt, vorausgesetzt Sie haben alle Daten parat, die von der netten Dame am anderen Ende der Leitung verlangt werden.
Idealerweise haben Sie einen spanischen Vermieter, der die Anmeldung schnell für Sie telefonisch regelt. Wenn das nicht der Fall ist, fragen Sie ihren *Vermittlungsagenten* oder Ihre *Gestoría*, ob sie die Anmeldung gegen entsprechende Bezahlung für Sie durchführen.
Sie können aber auch selber tätig werden, wenn Sie ausreichende Spanischkenntnisse haben. Sie brauchen dafür die letzte oder

eine Stromrechnung neueren Datums von ihrem Vermieter. Wählen Sie die Kunden-Telefonnummer 902 500 902 (Servicio de Atención al Cliente). Sie benötigen ein Minimum an Kundendaten (Datos del Cliente) und die letzte Vertragsnummer des Vermieters oder des Vormieters. Alle diese Daten finden Sie im Kopfteil der Gesa-Endesa-Rechnung. Zur Identifikation werden Sie nach folgenden Daten gefragt: der Vertragsnummer (Contrato de Suministro), dem Namen des Inhaber des bestehenden Vertrages (Titular), seiner *DNI/NIF-Nummer* und der Adresse des Mietobjektes (Dirección). Bei Bedarf geben Sie dann Ihre persönlichen Daten und die kompletten Daten ihrer Bankverbindung durch. Leider werden Sie nach dieser Transaktionen nichts Schriftliches in der Hand halten. Warten Sie deshalb die erste Rechnung ab und prüfen Sie, ob die Überweisung ordnungsgemäß von Ihrer Bank durchgeführt wurde. Auf Ihrer ersten Rechnung sehen Sie eine neue Vertragsnummer (Contrato de Suministro n°), Ihre persönlichen und Ihre Bankdaten. Auf diese Daten können Sie sich das nächste mal beziehen, wenn Sie mit Gesa-Endesa in Kontakt treten.

Gesa-Endesa rechnet im Monatstakt mit seinen Kunden ab. Die Stromzähler sind jedoch nicht wie in Deutschland im Haus, sondern außerhalb der vier Wände angebracht und nicht immer für Sie zugänglich. Deshalb ist es auch nicht üblich, dass bei einem Mieterwechsel der Zählerstand vom Stromversorger abgelesen wird. Versuchen Sie eine vernünftige Lösung für die Aufteilung der Stromkosten mit ihrem Vermieter zu erreichen für den Fall, dass Sie nicht der Verursacher des gesamten Betrages sind.

Stromkosten – *siehe Stromversorgung, Stromanmeldung, Nebenkosten*

Stromversorgung – *siehe Stromkosten, Stromanmeldung, Nebenkosten*

Die Versorgung mit Elektrizität ist auf Mallorca in den Orten, den gut besiedelten Küstengebieten, und zum großen Teil auch auf dem Lande durch das Unternehmen Gesa-Endesa Distribución Eléctrica S.L. gewährleistet. Gesa-Endesa ist derzeit der alleinige Anbieter und Stromversorger für die Insel (www.endesaonline.-com, Kunden-Telefon 902 500 902).
Obwohl das Stromversorgungsnetz auf Mallorca in den letzten Jahren wirkungsvoll ausgebaut wurde, gibt es immer noch *Fincas* und Landhäuser im inneren der Insel, die ohne Stromanschluss sind und sich mit Hilfe von zum Teil sehr leistungsfähigen Dieselgenerator-Batteriesystemen und Photovoltaikanlagen selbst versorgen. Im Gegensatz zur Solaranlage wird bei der Photovoltaikanlage mit dem Licht der Sonne Strom erzeugt. Da Solarzellen noch relativ teuer in der Herstellung sind, amortisieren sich Photovoltaikanlagen erst nach Jahrzehnten.

Bevor ein Neubauprojekt einen dauerhaften Stromanschluss erhält, muss es über bestimmte Bauabnahmedokumente verfügen:

- Bescheinigung des Architekten über die Bauabnahme/Baubeendigung (Certificado final de obra del Arquitecto),
- Bescheinigung der Gemeinde über die Bauabnahme/Baubeendigung (Certificado final de obra del Ayuntamiento),
- Bewohnbarkeitsbescheinigung (Cédula de habitabilidad),
- Bescheinigung über die ordnungsgemäße Elektroinstallation durch einen Fachmann (Buletin de la instalación eléctrica).

Bei ordnungsgemäßer Baudurchführung erfolgt die Bauabnahme zügig und der Neubau kann als Mietobjekt dienen. In der Praxis kommt es allerdings auch zu Überschneidungen, indem der Neubau in Erwartung der baldigen Abnahme bereits vermietet wird. Als zukünftiger Mieter sollten Sie diesen Sachverhalt kennen. Falls ein angebotenes Mietobjekt noch den so genannten provisorischen Baustromanschluss hat, müssen Sie sich darüber im Klaren sein, dass eine Bauabnahme auch verweigert werden kann. Das ist zunächst kein Beinbruch, weil dann die Periode für den Baustromanschluss auf Antrag der Baubeteiligten verlängert werden kann. Sollte sich allerdings diese Antragstellung wiederholen, sollten Sie sich als Mieter langsam ernsthafte Gedanken darüber machen, ob dieses Neubauprojekt überhaupt jemals einen dauerhaften Stromanschluss erhalten wird. Im folgenden Brief eines beklagten Maklers an einen Mieter wird deutlich, welche Problematik sich entwickelt, falls die Behörde die Bauabnahme verweigert und der Stromversorger daraufhin den Baustromanschluss ohne Vorwarnung entfernt:

Sehr geehrter Herr Meier,

wir bedauern sehr, dass Sie durch eine von uns vermittelte Wohnung so viele Unannehmlichkeiten hatten. Dennoch haben wir uns in diesem Falle, so ärgerlich es auch für Sie sein mag, korrekt verhalten und demzufolge nichts vorzuwerfen.
Wir haben weder unsere Informationspflicht noch unsere Aufklärungspflicht verletzt, und wir haben vor allem keine falschen Angaben gemacht. Sie wurden von uns über alle Umstände aufgeklärt, die für Ihre Entscheidung zum Vertragsabschluss wichtig waren.
Nach Ihrem mündlichen Auftrag an uns, für Sie dringend eine Wohnung zu suchen, haben Sie mit uns das Mietobjekt von Herrn Müller im Juli 2007 besichtigt. Herr Müller hat Sie derzeit darauf hingewiesen, dass seine Wohnung mit einem provisorischen

Stromanschluss versehen ist. Herr Müller hatte Ihnen dann auch im Gespräch mitgeteilt, dass mit der Wohnung alles in Ordnung sei und der normale Stromanschluss innerhalb kurzer Zeit erfolgen wird. Wir haben diese Aussage des Vermieters zur Kenntnis genommen. Bei einem Wohnungsneubau kann man davon ausgehen, dass eine Abnahme innerhalb kurzer Zeit erfolgt. Wir hatten deshalb keinen Grund, diese Aussage des Eigentümers in Frage zu stellen, zumal wir auch eine bautechnische Situation erstens nicht beurteilen können und zweitens nicht damit rechnen mussten, dass keine Abnahme erfolgen wird. Weil wir Architekten- und Konstruktionsfehler nicht beurteilen können, mussten wir uns demzufolge auf die Angaben des Vermieters verlassen. In diesem Zusammenhang haben wir Sie auch darauf hingewiesen, dass alle Angaben, die wir Ihnen gegenüber gemacht haben, ausschließlich auf Informationen basieren, die uns von unserem Auftraggeber zur Verfügung gestellt wurden und die wir nur zum Teil selber überprüfen können. Für die Richtigkeit, Vollständigkeit und Aktualität dieser Angaben können wir auch deshalb keine Gewähr bzw. Haftung übernehmen.
Ihre Behauptung, wir hätten Ihnen ein Objekt vermietet, dass nicht hätte vermietet werden dürfen, ist nicht korrekt. Erstens vermieten wir nicht, sondern wir vermitteln aktiv Verträge zwischen potentiellen Mietern und Vermietern. Das ist ein großer Unterschied. Zweitens haben Sie von uns alle verfügbaren Informationen erhalten und Sie wurden von Herr Müller darüber aufgeklärt, dass diese Wohnung einen provisorischen Stromanschluss hat, um sich gegen oder für das Objekt zu entscheiden. Sie haben sich schließlich für das Objekt entschieden, obwohl Sie wussten, dass die Wohnung über einen provisorischen Stromanschluss verfügt. Zu diesem Zeitpunkt hätten Sie auch aufgrund Ihres Informationsstandes auch gegen die Anmietung der Wohnung von Herrn Müller entscheiden können. Wir können deshalb nur vermuten, dass Sie Ihre Entscheidung aufgrund der Aussage und der Zusicherung des Vermieters getroffen haben, dass der

Strom in kurzer Zeit angeschlossen wird. Mit anderen Worten, Sie haben diesen Zustand vor der Vertragsunterschrift gekannt und bewusst akzeptiert. Da wir diese Informationen nicht verschwiegen haben, kann man uns hinterher auch keine Fahrlässigkeit und schon gar keine arglistige Täuschung vorwerfen. Im Gegenteil, Sie wollten unbedingt so schnell wie möglich als Mieter in diese Wohnung einziehen und haben unseren Bedenken keine Beachtung geschenkt. Schließlich haben Sie diesen Zustand 10 Monate lang ohne Beanstandung "ertragen" und somit akzeptiert. Sie hielten es noch nicht einmal für Ihre Pflicht, sich mit dem Vermieter darüber zu unterhalten und zu einigen, wie und wann dieser Zustand geändert werden könnte. In diesen 10 Monaten hätten Sie sicherlich von Ihrem Vermieter erfahren, warum der Anschluss nicht erfolgen kann. Wenn Ihr Vermieter Sie dann arglistig getäuscht hätte, hätten Sie viel Zeit gehabt, den Zustand ihrerseits zu beenden.

Nicht die Einschätzung der damaligen Situation durch uns ist die Ursache, dass diese Wohnung bis heute noch keinen Stromanschluss hat, sondern die Fehlkonstruktionen der Baubeteiligten, die dazu geführt haben, dass kein Stromanschluss erfolgen kann. Demzufolge können auch die fehlerhaften Architekten- und Konstruktionsleistungen nicht zu Schadensersatzansprüchen an uns führen. Ob der Vermieter gewusst hat, dass die Konstruktion Fehler aufweist oder nicht, entzieht sich unserer Kenntnis, und vor allen hätten wir davon keine Kenntnis erlangen können. Ein arglistiges Verschweigen seitens des Vermieters kann uns schon gar nicht zur Last gelegt werden, denn das würde bedeuten, dass wir die Aussagen aller Vermieter von vornherein anzweifeln und den Zustand eines jeden Mietobjektes durch einen Gutachter vorher untersuchen lassen müssten.

Jetzt nach 10 Monaten Mietdauer verlangen Sie von uns eine Rückzahlung von 750 €, weil Sie einen anderen Makler beauftragt haben, erneut eine Wohnung für Sie zu suchen. Dafür haben wir kein Verständnis. Wir haben Sie nicht aufgefordert, eine

andere Maklerleistung in Anspruch zu nehmen. Wir hatten Ihnen bereits angeboten, Ihnen kostenlos eine Wohnung zu vermitteln, weil wir Ihnen behilflich sein wollten. Es gab zu diesem Zeitpunkt ca 70 Wohnungen und Häuser bis 750 € Monatsmiete in Ihrem Zielgebiet. Aber Sie haben es noch nicht einmal ernsthaft in Erwägung gezogen, diese Angebote zu prüfen.
Es tut uns leid, aber wir können nicht die Verantwortung für die Fehler von Konstrukteuren und die Versäumnisse von Vermietern und deren Folgen übernehmen. Denn nur Ihr ehemaliger Vermieter hat es offensichtlich versäumt, das Stromproblem rechtzeitig zu regeln. Aufgrund der vorgetragenen Tatsachen sehen wir keine Veranlassung, Ihnen den geforderten Betrag zurückzuzahlen. Wir möchten Ihnen empfehlen, Ihre Schadensersatzansprüche beim Verursacher, in diesem Falle beim Vermieter, geltend zu machen. Mit freundlichen Grüßen.

Ein anderes Problem, das sich mit der Elektrizität ergibt ist nicht die Stromversorgung an sich, sondern die Kapazität des Leitungssystems und die Absicherung der Leitungen. In älteren Wohnungen und Häusern können Sie unangenehme Überraschungen erleben, wenn Sie mehrere große Stromverbraucher wie die Klimaanlage, die Waschmaschine oder den Backofen gleichzeitig betreiben wollen. Oftmals fliegen in Altbauten dabei die Sicherungen raus. Überprüfen Sie vor Mietvertragsunterschrift, ob Sie ein derart schwach abgesichertes Stromnetz in Ihrem zukünftigen Mietobjekt vorfinden.

Suche nach Langzeitmietobjekten im Internet –

siehe Anbieter von Mietobjekten

Im *Internet* führt Sie die Suche mit der Suchmaschine Google derzeit zu den besten Ergebnissen. Wenn Sie in die Suchfunktion die richtigen sachbezogenen Schlüsselbegriffe (Keywords) einge-

ben, gelangen Sie direkt zu den leistungsstärksten Anbietern von *Langzeitmietobjekten auf Mallorca.*
Geben Sie bei der Suchmaschinen Google die folgenden Schlüsselwörter ein, und Sie erhalten eine gute Auswahl mit Anbietern von Langzeitmietobjekten:

- *Langzeitvermietungen* auf Mallorca,
- *Langzeitmiete* auf Mallorca,
- Mietobjekte auf Mallorca,
- *Mietwohnungen* auf Mallorca.

Es ist aber nicht alles gut, was gut erscheint, denn es gibt gekaufte und durch Leistung erzielte Platzierungen in den Suchmaschinen. Wenn eine Website von vielen Internet-Surfern gefunden werden soll, gelingt das nur, wenn diese Seite bei Suchmaschinen sehr weit vorne aufgeführt wird. Eine Website wird aber nur in Spitzenpositionen gelistet, wenn sie überdurchschnittlich gut besucht wird. Eine Internetseite wird von den Suchmaschine nur dann als besonders attraktiv eingestuft, wenn sie für die Benutzer interessant ist und einen hohen Informationswert hat. Das gelingt in der Regel auf Dauer nur leistungsstarken Betreibern von Internetseiten, die Ihren Kunden den größtmöglichen Nutzen bringen und die demzufolge auch die besten Chancen haben, die Suchmaschinenkriterien zu erfüllen und deshalb von den Suchmaschinen mit den Sonnenplätzen belohnt werden.

Suchmaschinen leben aber nicht von den kostenlosen Einträgen, sondern von den so genannten „sponsored links", das sind bezahlte Anzeigen von Website-Betreibern, die mal mehr, mal weniger deutlich als Werbung bei den Suchmaschinen gekennzeichnet sind. Bei Google, der derzeit bekanntesten Suchmaschine, stehen die Werbeblöcke einerseits ganz links auf der Seite und andererseits farblich abgehoben und mit „Anzeigen" gekennzeichnet direkt über den kostenlosen Einträgen. Unter dem Anzeigen-

block werden die Firmen gelistet, die sich durch Leistung auszeichnen. Das ungeübte Auge vermutet, dass die gekauften Anzeigen, weil sie noch über den kostenlosen stehen, die eigentliche Spitzenposition einnehmen. Das ist jedoch ein Trugschluss.
Gegen Werbung ist grundsätzlich nichts einzuwenden. Sie sollten sich nur die Frage stellen, warum ein Website-Betreiber seine Werbung bei den Suchmaschinen teuer bezahlt, wenn er sie durch Leistung auch gratis bekommen könnte. Aus unserer Sicht, machen sich diejenigen sofort verdächtig, die für das Erscheinen in Spitzenpositionen bezahlen. Wenn Sie das durchschauen, haben Sie die wesentliche Spreu schon mal vom Weizen getrennt und sind den größten Bauernfängern konsequent aus dem Weg gegangen.

Suchprofil – *siehe Checkliste*

Südwestküste – *siehe Santa Ponsa*

Swimmingpool

Appartements und Häuser mit Gemeinschaftspool oder Gemeinschaftsgrundstück haben zum Teil hohe *Gemeinschaftskosten* die meistens im *Mietpreis* enthalten sind. Bei einem Haus mit eigenem Garten oder Pool muss die Pflege selbst übernommen werden, oder Sie beauftragen ein Service-Unternehmen. Oft sind auch diese Kosten bereits in der Mietforderung enthalten.

Übersetzung von Mietverträgen – *siehe Mietdauer und Kündigung*

Überweisungsbeleg – *siehe Auslandsüberweisungen*

Umzug nach Mallorca – *siehe möblierte und unmöblierte Mietobjekte*

Wer auf Mallorca mieten möchte, bemerkt schnell, dass die meisten Wohnungen und Häuser möbliert angeboten werden. Mallorca ist eine Ferieninsel und Wohnraum, von Palma einmal abgesehen, wird komplett ausgestattet traditionell schon immer Feriengästen angeboten. Sollten Sie dennoch ein unmöbliertes Langzeitmietobjekt gefunden haben, muss jetzt der Umzug nach Mallorca organisiert werden.

Umziehen nach Mallorca kann teuer werden. Wer das meiste zuhause lassen kann, spart nach Ankunft auf der Insel viel Zeit, Geld und Nerven. Sortieren Sie rigoros Ihren Hausrat aus und verkaufen Sie alles, von dem Sie sich leicht trennen können. Viele Dinge, die in Mittel- und Nordeuropa nützlich sind, haben auf Mallorca keinen Wert. Wenn Sie beispielsweise Ihre Kleiderschränke mitnehmen wollen, sollten Sie daran denken, dass fast jedes Mietobjekt auf Mallorca mit Einbauschränken ausgestattet ist.

Wir haben 1991 ungefähr 25m³ nach Mallorca transportieren lassen und danach über 50 Prozent des Umzugsguts verkauft, weil viele Möbelstücke überhaupt nicht zum leichten Wohnstil im Süden passten. Die Transportkosten wurden bereits damals mit 10.000 DM, also ungefähr 5.000 € von einem deutsch-spanischen Unternehmer angeboten. Als das Umzugsunternehmen schließlich mit unserem Hausrat vor unserem neuen Haus auf Mallorca stand, wurden nochmal 1.000 DM Nachschlag verlangt, weil man angeblich in einem Zwischenlager in Deutschland umladen musste. Bei einer Zahlungsverweigerung drohte man uns an, das Umzugsgut nicht abzuladen. Diese kleine Erpressung hat uns damals fast an den Rand des Wahnsinns gebracht, weil wir keine Chance hatten, diese Geschichte mit vernünftigen Mitteln zu lösen. Heute würden wir diesen Spediteur sofort verhaften lassen. Aber damals wollten wir uns ja nicht gleich unbeliebt machen. Das Einzige, was wir daraus lernen konnten war, dass Mallorca doch näher an Afrika lag, als wir dachten. Also haben wir gezahlt. Beim Abladen mussten wir dann auch noch erfahren, dass unsere Möbel überhaupt nicht transportversichert waren. Beschädigte Möbelteile wurden einfach mit dem Hinweis abgeladen, wir sollten unsere Hausratversicherung bemühen. Gott sei dank waren die langen Küchenmesser bei dieser Offenbarung noch gut in Kartons verpackt. Wir waren wohlgemerkt kein Einzelfall. Hinterher haben wir von anderen Geschädigten ähnliche Berichte über diesen Spediteur gehört, der übrigens heute noch sein Unwesen treibt.

Der Möbeltransport von Deutschland nach Mallorca hat uns bereits damals 220 € pro Kubikmeter gekostet. Heute wären wir schlauer und würden rigoros alles vorher verkaufen, was weniger als 220 € wert ist.

Bei der Auswahl eines Umzugsunternehmens sollten Sie genau hinsehen und zwischen Billig-Umzugsangeboten und einem wie auch immer günstigen Preis-Leistungsverhältnis abwägen. Der billigste Anbieter ist, wie so oft im Leben, am Ende oft der teuerste. Nehmen Sie nicht die erstbeste und günstigste Spedition, sondern holen Sie sich Angebote von mindestens drei Unternehmen ein. Die Preise werden pro Kubikmeter berechnet und liegen derzeit ungefähr bei 150 € pro m³ für Einrichtungsgegenstände die ordnungsgemäß von Ihnen selbst verpackt wurden. Wer selber packt, kann von guten Umzugsfirmen Listen anfordern, in denen gängige Einrichtungsgegenstände bereits in Kubikmetern erfasst wurden. Machen Sie sich unbedingt Gedanken über das Volumen und das Gewicht des zu transportierenden Umzugsguts. Nur wenn Sie den Umfang kennen, können sie vom Spediteur einen vernünftigen Kostenvoranschlag erwarten. Der Endpreis

schließt die Abholung, die Auslieferung vor Ort auf Mallorca und die Mehrwertsteuer ein.
Natürlich können Sie auch gegen Aufpreis vom Umzugsunternehmen packen lassen. Das Einpacken teurer Gegenstände durch die Spedition kann sich durchaus lohnen, weil eine Transportversicherungen regelmäßig nur dann für Schäden aufkommt, wenn das Umzugsgut professionell verpackt wurde, vorausgesetzt man hat es auch wirklich versichert. Wenn ein Mitarbeiter eines Speditionsunternehmens vor Ort Volumen und Kubikmeter schätzt, dann verfügen Sie im Zweifelsfall auch über realistische Angaben der Spedition, auf die Sie sich berufen können.

Etwa vier Wochen vor Ihrem Umzugstermin sollten Sie den Kontakt zu einem geeigneten Spediteur aufgenommen haben. Planen Sie Ihren Umzug mit einer seriösen Spedition, die regelmäßig Mallorca anfährt und ausreichende Mallorca-Erfahrung hat. Setzen Sie aber vorher Himmel und Hölle in Bewegung, um im Internet und durch andere Referenzen möglichst viel über dieses Unternehmen zu erfahren. Umzugsunternehmen, die unangenehm aufgefallen sind, werden Sie bestimmt schnell im Internet aufspüren.

Bestehen Sie auf eine detaillierte und schriftliche Leistungsbeschreibung inklusive Versicherungsschutz und Mehrwertsteuer. Das erspart Ihnen hinterher ärgerliche Gespräche und rechtliche Unsicherheiten. Eine Gesamtcharge auf einem LKW benötigt etwa zwei bis drei Tage Fahrtzeit von Mitteleuropa nach Mallorca. Beiladungen können bis zum Eintreffen zu Ihrem neuen Mietobjekt eine Woche und länger benötigen.

Denken Sie auch daran, dass im Möbelwagen nicht alles transportiert werden darf. Brennbare, explosive, ätzende oder allgemein gefährliche Güter sind grundsätzlich vom Transport ausgeschlossen. Ihr Weinlager und größere Bestände aus der Hausbar müssen gegebenenfalls beim Zoll deklariert werden. Für die Einfuhr von Waffen und Munition benötigen sie eine Genehmigung. Detaillierte Informationen dazu wird Ihnen Ihr Spediteur geben oder Sie erkundigen sich danach beim Konsulat.

Untervermietung

Auf Mallorca mietet man entweder als Feriengast tage-, wochen- oder monatsweise, als Saisonarbeiter monatsweise oder als Langzeitmieter in der Regel mindestens ein Jahr. Für Ferienmieter ist in den Monaten von Mai bis Oktober die Miete doppelt bis viermal so hoch wie in den anderen Monaten außerhalb der Sommersaison. Das liegt nicht nur an den Feriengästen, sondern auch an den zigtausend zusätzlichen Arbeitskräften vom Festland, die in der Saison in Gastronomie und Hotellerie aushelfen und unterkommen müssen.

Es liegt auf der Hand, dass auf einer Ferieninsel gelegentlich Wohnungen und Häuser preiswert angemietet werden, um sie in den Sommermonaten kurzfristig an Feriengäste für teures Geld weiter zu vermieten.
Manchmal müssen auch ohne Wissen des Vermieters möblierte Luxusobjekte herhalten, die sich dann mehrere Leute aus der afrikanischen Union oder aus osteuropäischen Ländern „solidarisch" teilen, die auf Mallorca als billige Arbeitskräfte eingesetzt werden. Vermieter kennen die gesamte Bandbreite dieser Problematik und konfrontieren deshalb ihre zukünftigen Mieter bereits bei Vertragsunterschrift regelmäßig mit dem Verbot der Untervermietung. Das bedeutet aber nicht, dass Oma und Opa und Ihre Freunde nicht zu Besuch kommen können. Es bedeutet lediglich, dass Sie Ihre 1.500 € teure Luxus-Mietwohnung, die Ihnen mit hochwertiger Möblierung zur Verfügung gestellt wurde, nicht als fleißiger Subunternehmer an 20 Afrikaner für insgesamt

6.000 € im Monat untervermieten dürfen. Abgesehen davon, dass diese Art der Untervermietung illegal ist, darf grundsätzlich die vereinbarte Miete, die der oder die Untermieter an den Untervermieter zahlen, laut Gesetz nicht höher sein als die Miete, die der Untervermieter an seinen Vermieter zahlt.

Die Untervermietung wird im Artikel 8 des *spanischen Mietrechts* geregelt. Ohne eine schriftliche Genehmigung des Vermieters besteht beim *Mietvertrag* zu Wohnzwecken grundsätzlich ein Untervermietungsverbot. Nur wenn es im *Mietvertrag* ausdrücklich vereinbart wurde oder der Vermieter nachträglich seine Zustimmung gibt, dürfen Sie untervermieten. Wird eine Untervermietung vom Vermieter erlaubt, kann der Untervermieter den gemieteten Wohnraum jedoch nur teilweise untervermieten. Halten Sie sich als Mieter nicht an diese Vereinbarungen, kann das zu einer sofortigen Vertragsauflösung führen. Weiter steht im Artikel 8, dass das Untervermietungsverhältnis automatisch erlischt, wenn das Mietverhältnis des Untervermieters beendet ist. Dieser letzte Abschnitt des Artikels 8 ist für Mieter wichtig, die in dem Glauben einen Mietvertrag unterschreiben, dass ihr Gegenüber gleichzeitig der Vermieter und auch der Eigentümer ist. Falls Ihr Vermieter nicht der Eigentümer, sondern ein verdeckter Untervermieter ist, kann es Ihnen passieren, dass Sie ohne Vorwarnung plötzlich auf der Straße stehen, wenn sie nicht vertraglich abgesichert sind.

Sollten Sie als Mieter nachträglich feststellen, dass durch bestimmte Umstände Ihr gemietetes Haus oder Ihre Mietwohnung für Sie zu groß geworden ist und Sie sich mit dem Gedanken der Untervermietung tragen, ist es ratsam, zunächst Ihren *Mietvertrag* zu überprüfen. In den meisten Mietverträgen ist nämlich eine Klausel enthalten, durch die eine Untervermietung nicht erlaubt wird. Sollte diese Klausel nicht in Ihrem Mietvertrag enthalten sein, haben Sie als Mieter zunächst einmal das Recht auf Untervermietung, allerdings muss Ihr Vermietung Ihnen dazu schriftlich seine Erlaubnis erteilen. Wenn Sie sich mit Ihrem Vermieter einig werden, sollte zunächst ein neuer Mietvertrag aufgesetzt werden, aus dem die teilweise Untervermietung mit allen Konsequenzen für die Beteiligten klar hervorgeht. Im Vertrag müssen beispielsweise Vereinbarungen über den Gebrauch der Möbel und der sonstigen Einrichtungsgegenstände getroffen werden, die sich einerseits im untervermieteten Teil des Wohnraumes und andererseits im gemeinschaftlich genutzten Räumen befinden. In diesem Vertrag sollte auch die Quadratmeterzahl der untervermieteten Räume und ihre Lage innerhalb des Mietobjektes genannt werden. Wie bereits erwähnt, sollten Sie es auch nicht versäumen Ihren Untermieter schließlich darauf hinzuweisen, dass die Dauer seines Untervermietungsverhältnisses mit Ihrem *Mietverhältnis* endet.

Verbrauchskosten – *siehe Nebenkosten*

Vergleichsmieten – *siehe Miete, Mietpreisspiegel*

Verhandlungsspielraum bei Mietobjekten

Wir erhalten regelmäßig folgende Anfrage: „Sind Ihre angebotenen *Mietpreise* verhandelbar oder fest?" Diese Frage erstaunt uns immer wieder, denn fast kein Interessent teilt uns seinen Bezugsrahmen mit und niemand hat vorher irgend etwas besichtigt. Also schreiben wir dem Interessenten, er möchte doch erst einmal nach Mallorca kommen und sich von uns Mietobjekte zeigen lassen. Danach kann man über vieles reden.

Grundsätzlich ist fast alles im Leben verhandelbar, auch Immobilien für die *Langzeitmiete* auf Mallorca. Die ganze Welt ist ein

gigantische Verhandlungstisch, und ob Sie wollen oder nicht, Sie sind Teilnehmer. Gutes Verhandeln will aber gelernt sein. Es ist eine erworbene Fähigkeit, wenn nicht sogar eine Kunst.
Das wichtigste Prinzip guten Verhandelns ist, dass das Ergebnis der Verhandlung für beide Seiten vorteilhaft und nützlich sein muss. Wenn für Sie Verhandeln nur eine beliebige Preisnachlassforderung ohne Gegenleistung bedeutet, werden Sie bei den Vermietern von erstklassigen Mietobjekten nicht auf viel Gegenliebe stoßen, weil der Markt für *Langzeitmietobjekte* mit hohem Standard auf Mallorca ein so genannter *Vermietermarkt* ist. Als Vermietermarkt wird in der Betriebswirtschaftslehre eine Marktsituation bezeichnet, in der sich der Anbieter in einer verhandlungstaktisch günstigeren Position als der Mieter befindet. Ein Vermieter ist fast immer in einer besseren Situation, wenn die Gesamtnachfrage das Angebot auf einem Markt übersteigt. Aus unserer heutigen Sicht, kann sich der Mietmarkt auf Mallorca durchaus in den nächsten Jahren zu einem Mietermarkt entwickeln, wenn die weltweite wirtschaftliche Krise anhält und mehr Wohnraumeigentümer gezwungen sind, zumindest die Hypothekenzinsen durch Vermietung hereinzuholen.

Aber es gibt auf einem *Vermietermarkt* auch zu jeder Zeit verdeckte Ausnahmen, und die bezeichnet man als motivierte Vermieter. Viele motivierte Vermieter sind das beste Anzeichen dafür, dass das Angebot die Nachfrage übersteigt. Doch davon mehr weiter unten im Text.

Viele kennen Mallorca als hektischen Immobilienmarkt. Wer sich jedoch auskennt, weiß dass hier seit einigen Jahren der Verkauf von Immobilien, gelinde gesagt, schleppend ist. Die Kenner kennen sich bestens aus und schießen einen Verkäufer nach dem anderen aus den Reihen derer, die zum Schein die Fahnen hoch halten, aber in Wirklichkeit am Tropf der Bank hängen. Damit der Abschuss nicht Überhand nimmt, verwandeln sich täglich

Verkäufer in Vermieter, weil sie ihre Liegenschaft retten wollen. Diese seltsame Wandlung nimmt zunächst einmal den Druck von diesen Verkäufern und beschert ihnen als neu gebackene Vermieter in den meisten Fällen Kostendeckung und Zeit zum Luft holen. Und somit wächst das Mietangebot Tag für Tag, an dem die Zeiten für Verkäufer schlecht sind. Es wächst zwar langsam, aber das Wachstum ist nicht mehr zu übersehen. Aber die Nachfrage nach *qualitativ hochwertigen Mietobjekten* wächst auch. Im Moment wächst sie sogar doppelt so schnell wie das Angebot. Was meinen Sie, wer hat hier die Marktmacht? Die Mieter? Wohl kaum. Keiner weiß jedoch wie lange das so weitergeht. Irgendwann wird vielleicht das Angebot für hochwertige Mietobjekte größer als die Nachfrage sein. Darüber können wir uns dann Gedanken machen, wenn es soweit ist. Hier und heute gilt, die Vermieter von hochwertigen Mietobjekten diktieren auf Mallorca die Mietpreise. Und wer meint, diese Mietpreise seien nicht angemessen, darf wieder nach hause fahren. Punkt. Oder sagen wir mal Komma, denn es gibt ja Gott sei dank noch die bereits erwähnten motivierten Vermieter. Die allerdings zu finden, erfordert vor allem psychologisches Fingerspitzengefühl.

Was ist ein motivierter Vermieter? Ein motivierter Vermieter ist auf keinen Fall jemand, der seit einem Jahr vergeblich auf einen Mieter wartet. Das könnte eher ein Vermieter mit einem schlechten Mietobjekt oder ein Vermieter mit einem extrem hohen Mietpreis sein, der die wirtschaftlichen Zusammenhänge noch nicht begriffen hat. Ein motivierter Vermieter wird von einem Motiv getrieben, das ihn zwingt, sein Mietobjekt, wenn es sein muss, auch unter Marktpreis zu vermieten. Wenn beispielsweise Hypothekenzinsen seit einiger Zeit nicht mehr gezahlt werden können, dann ist ein Vermieter motiviert. Es gibt viele andere Motive, die für gewitzte Mieter ein Geschenk des Himmels sein können. Wohlgemerkt, auf einem *Vermietermarkt*, durfte es eigentlich gar keine motivierten Vermieter geben. Es gibt sie aber dennoch. Es liegt an Ihnen, sie zu finden.

Aber seien Sie vorgewarnt. Einseitiges Verhandeln mit motivierten Vermietern kann auf Mallorca zu unerwarteten Ergebnissen führen, wie das nachstehende Beispiel aus der Praxis zeigt:
Herr Meier lässt sich eine Traumwohnung direkt am Meer zeigen. Der Vermieter verlangt 2.300 € Monatsmiete. Herr Meier ist begeistert, alles passt, aber der Preis passt ihm nicht. Er bietet dem Vermieter 1.800 € und dieser willigt zum Erstaunen des Maklers sofort ohne mit der Wimper zu zucken ein. Man einigt sich auf eine Anzahlung in Höhe von einer Monatsmiete, die Herr Meier dem Vermieter sofort gegen Quittung in bar übergibt. In drei Wochen soll der Einzug sein und zwischenzeitlich sollen alle anderen Zahlungen per Banküberweisung fließen. Dem Makler eröffnet Herr Meier, dass er für diese Vermietung lediglich ein dementsprechend reduziertes Honorar zu zahlen gewillt ist, weil er zu dem Verhandlungserfolg nichts beigetragen habe. Der Makler beißt sich auf die Zunge und Herr Meier fährt zufrieden nach Hause. Einige Tage später bekommt er eine email von seinem Makler, der ihm mitteilt, dass der Vermieter für die Rücküberweisung der Anzahlung seine deutsche Bankverbindung benötigt. Als Herr Meier protestiert, teilt man ihm mit, er könne sich das Geld auch persönlich in bar auf Mallorca abholen. Was war passiert? Herr Meier saß noch gar nicht richtig im Flugzeug, da stand der gleiche Makler mit einem anderen Kunden vor der Tür des Vermieters, der zwischenzeitlich aus seiner Trance erwacht war. Innerhalb eines Tages war ein Vertrag über eine monatliche Mietzahlung in Höhe von 2.300 € unterschrieben und alle Zahlungen wurde am gleichen Tag geleistet. Herr Meier bekam seine Anzahlung in voller Höhe zurück. Aus dieser Geschichte lässt sich einiges lernen: Wer eine Situation schamlos ausnutzt, darf sich hinterher nicht wundern, wenn ihm das gleiche geschieht. Wer auf einem *Vermietermarkt* ein Angebot unter der Gürtellinie abgibt und den Zuschlag erhält, muss sofort Nägel mit Köpfen machen, bevor die Gegenseite aus Ihrer Trance aufwacht. Und

wer meint, kleine Pannen wird sein Rechtsanwalt auf Mallorca schon wieder hinbiegen, der wird noch einmal sein blaues Wunder erleben. Die Kosten, die dann auflaufen, werden die Höhe der Anzahlung in den meisten Fällen in den Schatten stellen.

Das Schlaueste, was uns je in unserer Praxis in diesem Zusammenhang passiert ist, war folgender Fall:
Herr Schmitt, ein Unternehmensberater aus Hamburg, will ein Haus mit einer Monatsmiete von 3.500 € anmieten. Er beauftragt uns, mindestens 10 Prozent beim Vermieter für ihn „herauszuholen". Nach langem hin und her und dem Nachweis, dass es sich um einen seriösen Mieter mit guter Bonität handelt, hat uns der Vermieter eine monatliche Miete in Höhe von 3.150 € zugesagt. Dies entsprach einer jährlichen Gesamtersparnis von 4.200 € für Herrn Schmitt. Aber das war ihm nicht genug, jetzt packte Herrn Schmitt die Sparwut. Er fragte uns, ob wir auch bereit wären, unsere Vermittlungsprovision um 10 Prozent für ihn zu senken. Eigentlich hatten wir erwartet, daß uns Herr Schmitt einen Teil der durch uns erzielten Ersparnis als Dankeschön überreicht, nachdem wir ihm aufgrund der reduzierten Miete auch nur ein dementsprechend reduziertes Vermittlunshonorar berechnet hätten. Aber diesen Zusammenhang hatte er wohl als Unternehmensberater der alten Zahn-um-Zahn-Gilde nicht durchschaut. Es war zwar richtig, dass der Vermieter sich selber unter Zeitdruck gesetzt hatte und somit zu einem motivierten Vermieter wurde. Aber wir waren keine motivierten Vermittler, das heißt, es gab für uns keinen Grund, unser Honorar zu reduzieren. Es kam wie es kommen musste, wir haben das Haus am nächsten Tag einem anderen Kunden für 3.250 € vermietet, der uns im Vorfeld bereits zugesichert hatte, die volle Vermittlungsprovision für 3.500 € Miete zu zahlen und zusätzlich ein Drittel seiner Ersparnis bei der Jahresmiete. Wir bekamen unterm Strich mehr Provision und unser Mieter war mit seiner Gesamtersparnis auch zufrieden. Denken Sie daran, verhandeln heißt auch auf Mallorca

immer ausgewogenes Geben und Nehmen und nicht einseitiges Raffen. Nur wenn das Ergebnis der Verhandlung für alle Parteien vorteilhaft und nützlich ist, werden auch alle Beteiligten am gleichen Strang ziehen.

Und da wir jetzt beim Geben und Nehmen sind, möchten wir abschließend noch eine Variante besprechen, mit der Sie die monatliche Mietforderung erheblich drücken können. Bieten Sie dem Vermieter statt der monatlichen Mietzahlungen eine *Mietvorauszahlung* für ein ganzes Jahr an und als Gegenleistung verlangen Sie eine Reduzierung der Miete um 10 Prozent. Da dieser Preisnachlass derzeit noch für die meisten von uns die Jahresverzinsung übersteigt, das heißt der Vermieter wird derzeit maximal vielleicht 4 Prozent für die Anlage des Jahresbetrages erhalten, bieten Sie dem Vermieter im gleichen Atemzug genau das an, was er eigentlich sucht, nämlich mehr Sicherheit. Jetzt sind Sie als Verpackungskünstler gefragt, um einem spanischen Vermieter klar zumachen, wie schön es ist, ohne Mieteinnahmesorgen einschlafen zu können.

Verkauf des Mietobjektes – *siehe Eigentumswechsel*

Verlängerung des Mietverhältnisses – *siehe Mietdauer und Kündigung*

Vermietermarkt – *siehe Verhandlungsspielraum*

Als Verkäufermarkt wird in der Marketingpraxis eine Marktsituation bezeichnet, in der sich der Verkäufer in einer verhandlungstaktisch günstigeren Position als der Käufer befindet. Ein Verkäufer ist fast immer in einer besseren Situation, wenn die Gesamtnachfrage das Angebot auf einem Markt übersteigt. Ein

typischer Verkäufermarkt ist beispielsweise ein großer Supermarkt, wo die Preise nicht verhandelt werden können, weil der Supermarkt alle Nachfrager als homogene Masse betrachtet, deren Mitglieder jedes für sich gesehen keine nennenswerte Marktmacht hat und entweder die Preise akzeptiert oder nicht. Wer die Marktmacht in einem Supermarkt hat, ist demnach ohne Frage ein für allemal geklärt.
Stellen Sie sich vor, Sie stehen als erster an der Kasse mit einem Einkaufswagen voller Waren. Hinter Ihnen wartet eine Schlange mit 20 genervten Menschen. Jetzt packen Sie langsam die Ware Stück für Stück der Reihe nach auf das Band und fangen an, mit der Kassiererin über jeden Preis zu verhandeln. Sie lachen? Warum? Sie verhandeln doch sonst auch mit jedem über alles. Geht nicht, sagen Sie! Warum? Ich erkläre es Ihnen: Dieser Supermarkt bedient vielleicht Tag für Tag 3000 Kunden und Sie sind heute die Nummer 788 und morgen die Nummer 1803. Sie haben noch nicht einmal eine feste Kundennummer. Wenn heute fünf Kunden unzufrieden sind, dann interessiert das den Marktleiter herzlich wenig, denn er hatte heute immerhin 2995 glückliche Kunden. Die fünf Schlechtgelaunten gehen zur Konkurrenz und die schickt fünf andere Schlechtgelaunte als Ausgleich zu diesem Markt. So geht das Spielchen. Da alle Verbraucher eine Schaafherdenmentalität haben, wird dieses Spiel bis zum Sanktnimmerleinstag funktionieren. Verstehen Sie jetzt, was ein Verkäufermarkt ist? Gehen Sie aber zu einem kleinen Elektrogeschäft an der Stadtgrenze und werden dort begrüßt, als hätte man jahrelang keinen Kunden mehr gesehen, dann haben Sie wahrscheinlich soeben einen Käufermarkt betreten. Auf einem Käufermarkt diktieren die Nachfrager, also Sie, die Preise, es sei denn, Sie wissen nicht was gespielt wird. Wenn Sie diesen Laden mit einem neuen Flachbildfernseher mit genau dem Preis verlassen, der groß am Fernseher unübersehbar mit den Worten „Angebot der Woche“ angebracht war, sollten Sie sich über Ihre Zukunft ernsthaft Sorgen machen. Dann haben Sie den Kapitalis-

mus noch nicht ganz verstanden. Das Angebot der Woche war unüberhöhrbar der Hilferuf eines Verkäufers auf einem Markt ohne große Nachfrage und eine Aufforderung, den Preis zu verhandeln, damit endlich Umsatz in die Kasse kommt. Das gleiche Sonderangebot in der Fernseherabteilung eines Supermarktes ist dagegen nicht verhandelbar. Es ist dort noch nicht einmal ein Sonderangebot, sondern meist nur ein Lagerüberhang, der für ein neues Modell Platz machen muss. Sie erhalten im Supermarkt ohne Diskussion für weniger Geld einfach nur ein älteres Modell.
Der Mietmarkt auf Mallorca ist derzeit ein Verkäufermarkt, oder besser gesagt ein Vermietermarkt mit der Tendenz zum Mietermarkt.

Vermietung von Wohnraum – *siehe Langzeitvermietung, Ferienvermietung, Saisonvermietung*

Vermietung von Wohnraum ist der Oberbegriff für *Ferienvermietung, Saisonvermietung,* befristete Vermietung und *Langzeitvermietung*. Das Thema dieses Buches ist nur die Langzeitvermietung von Wohnraum.

Vermietungsagenturen – *siehe Vermittlungsagenten*

Vermittlungsagenten für Mietobjekte - *siehe Anbieter von Mietobjekten, professionelle Hilfe*

Grundsätzlich ist das Vermitteln von Immobilien auf Mallorca Maklergeschäft. Die Vermittlung kann sich auf Verkaufsimmobilien oder auf Mietimmobilien beziehen. Traditionell war das Mietimmobiliengeschäft bis vor kurzem für Mallorcas Maklerzunft unter der Gürtellinie angesiedelt. Mit Erbsenzählen musste man sich jahrelang nicht herumschlagen, weil der Verkauf von Immobilien mehr als genug einbrachte.

Als 2005 am Immobilienhorizont noch dunklere Wolken aufzogen, entdeckten einige Makler auf der Insel, dass man mit dem Vermietungsgeschäft, wenn man es richtig aufzieht, in der Sauregurkenzeit zumindest die Gehälter der jetzt untätig herumsitzenden Mitarbeiter soweit aufpeppeln kann, damit sie nicht das sinkende Schiff verlassen. Für uns als Vermietungsagenten ist es auf jeden Fall amüsant mit anzusehen, wie sich einige Immobilienmakler auf Mallorca jetzt neuerdings auch verstärkt auf das Vermietungsgeschäft stürzen und die Mitarbeiter innerhalb der eigenen Firma in einen gnadenlosen Konkurrenzkampf verwickeln. Da kann es schon mal vorkommen, dass der Kollege von der Verkaufsabteilung morgens einen Kaufinteressenten zu einem Objekt bringt und nachmittags der Kollege aus der Vermietungsabteilung mit einem Mietinteressenten bei der gleichen Immobilie vorbeischaut. Für uns ist es völlig rätselhaft, wie Mitarbeiter derartige Firmenstrategien mittragen, denn wenn der Kaufkunde sich noch eine Nacht Bedenkzeit erbittet, zeichnet vielleicht am Nachmittag der Mitarbeiter der gleichen Firma bereits einen Mietvertrag über dieses Objekt, das sein Kollege morgen möglicherweise verkaufen könnte. Sollte der Kaufinteressent tatsächlich am nächsten Tag zum Kauf der Immobilie bereit sein, dann hat diese Maklerfirma gestern vielleicht 3.000 € Provision für die Vermietung kassiert, aber gleichzeitig 50.000 € Courtage durch den torpedierten Verkauf vermasselt. Und wenn die Vermietung vor dem Verkauf abgewickelt wird, ist diese Liegenschaft bis zu fünf Jahren vom Markt und kann in dieser Zeit praktisch nicht verkauft werden, weil kaum ein Mieter einen Besichtigungstourismus während seiner Mietzeit zulässt. Diese Zusammenhänge lassen jeden Profi zusammenzucken. Sie lassen vor allem sehr tief blicken, wie es um die Verkäufe von Immobilien auf Mallorca steht.

Es gibt derzeit eine angemessene Auswahl an überdurchschnittlich guten, schlechten und völlig unbrauchbaren Vermittlungsagenturen. Agenturen, die Mietobjekte auf Mallorca anbieten, finden Sie im *Internet* und in deutschen und spanischen Zeitschriften auf Mallorca.

Mit Hilfe dieses Buches wird es Ihnen leicht fallen, die Spreu vom Weizen zu trennen. In der Vermittlerbranche wird auch nur mit Wasser gekocht. Das einzige was hier für den Kunden zählen sollte ist die fachliche und sprachliche Kompetenz, die Schnelligkeit und die Zuverlässigkeit der Mitarbeiter einer Agentur. Die Sprücheklopfer, die Sie mit „Wir setzen Maßstäbe" einlullen wollen, sollten Sie gleich vergessen. Und wenn Sie auf einer Internetseite gar getürkte Kundenreferenzen lesen, dann ist es Zeit, dass Sie sich von dieser Seite verabschieden. Hier ein Beispiel, wie ein angeblicher Dankbrief eines Kunden aussehen kann, den wir auf der Internetseite eines Vermittlungsagenten gefunden haben:
„Sehr geehrter Herr W., auf diesem Wege möchten wir uns bei Ihnen für den hervorragenden und reibungslosen Ablauf der Hausanmietung auf Mallorca bedanken. Wir waren sehr erfreut darüber, einen Fachmann gefunden zu haben, der auch mit außergewöhnlichen Fragen und Problemen umgehen konnte. So eine perfekte Organisation und Abwicklung hat unsere Erwartungen bei weitem übertroffen. Hervorzuheben ist besonders die flexible Bearbeitung, das heißt Sie sind genau auf unsere Wünsche eingegangen, haben entsprechend unserer Wünsche immer die geeigneten Objekte gefunden und bereits vorverhandelt. Es war ihnen nie etwas zu viel, egal was es auch war. Ihre Art sich mit unseren Wünschen zu identifizieren ist bemerkenswert, Sie zeigten uns die verschiedensten Objekte, bis wir unsere Wahl

getroffen hatten. Selbst nach der Anmietung haben Sie uns stets geholfen. Es ist schön, ein Gefühl zu haben „nicht allein gelassen" zu werden auch wenn der Vertrag bereits erfüllt ist. Die Zusammenarbeit mit Ihnen war freundlich, kompetent und professionell. Wir werden Ihre Agentur gerne an unsere Bekannten und Freunde weiter empfehlen und wünschen Ihnen noch alles Gute. Mit freundlichen Grüßen. Inge E."
Und wenn Sie nicht gestorben sind, so mieten sie heute noch. Mehr kann man wohl zu diesem Märchen nicht sagen.

Vermittlungsprovision – *siehe Courtage, Maklercourtage, Zahlungen bei Vertragsunterzeichnung*

Das Honorar des *Vermittlungsagenten* oder Maklers wird Vermittlungsprovision oder auch *Maklercourtage* genannt. Die Vermittlungsprovision wird nach dem Erfolgsprinzip bei Abschluss eines *Mietvertrages* fällig. Die Vermittlung eines Mietobjektes ist eine Dienstleistung, und für Angebote auf dem Dienstleistungssektor ist die spanische Mehrwertsteuer selten inklusiv. In Spanien wird derzeit 16 Prozent Mehrwertsteuer (IVA) auf die Vermittlungsprovisionen aufgeschlagen. Die Vermittlungsprovision wird grundsätzlich, wenn nichts anderes vereinbart wurde, dem Mieter berechnet. Sie darf bei einem Mietabschluss nicht mit der Courtage verwechselt werden, die bei einem Immobilienverkauf fällig wird. Beim Verkauf einer Immobilie in Spanien zahlt, wenn nichts anderes vereinbart wurde, der Verkäufer das Honorar an den Makler.

Zur Vermittlung einer *Mietimmobilie* wird in Spanien ein *Maklervertrag* mit dem Interessenten geschlossen. Der zukünftige Mieter ist demnach der Auftraggeber des *Vermittlungsagenten*. Wesentlicher Inhalt dieses Vertrages ist ein Provisionsversprechen des Auftraggebers, wenn die Tätigkeit des

Vermittlers den angestrebten Erfolg bewirkt. Seriöse Firmen auf dem *Mietmarkt* erkennen Sie daran, dass Sie vor jeder Besichtigung einen Besichtigungsnachweis unterschreiben müssen, der auch die Vermittlunsprovisionsforderung eindeutig für Sie regelt und aus dem die Firmenanschrift sowie die *spanische Steuernummer* hervorgeht. Wenn Sie nichts unterschrieben haben, dann steht einem Vermittler auch keine Provision zu, denn es handelt sich bei dieser Vermittlung im Zweifelsfall um eine kostenlose einmalige Gefälligkeit.

Eine Vermittlungsprovision muss in Spanien grundsätzlich bei der Unterzeichnung des *Mietvertrages* in bar an die Agentur gezahlt werden, die Ihnen das Objekt vermittelt hat. Selten wird ein *Vermitttlungsagent* einen Scheck oder ein Überweisungsversprechen akzeptieren. Sollten Sie die Provision bei Vertragsunterschrift nicht oder nur zum Teil dabei haben, riskieren Sie, dass die Unterschrift bis zur vollen Barzahlung vertagt wird und zwischenzeitlich ein anderer Interessent das Objekt mieten kann. Für *Vermietungsagenten* auf Mallorca ist es keine Überraschung mehr, wenn ein ausländischer Interessent einen *Mietvertrag* abschließen möchte, aber nicht die notwendige Summe dabei hat. Agenten gehen mit derartigen Situation relativ entspannt und flexibel um und vertrauen darauf, dass ähnlich wie beim Arzt das Wartezimmer voll ist, und beim Ruf „der Nächste bitte" sofort der Nächste den Vertrag unterschreibt. Da die Nachfrage nach *qualitativ hochwertigen Mietobjekten* derzeit noch das Angebot übersteigt (*siehe Verkäufermarkt*) werden für gute Mietobjekte sofort unproblematische Mieter aus dem Hut gezaubert, die daran gedacht haben, dass es ratsam ist, bei Mietvertragsunterzeichnung in Spanien sofort zu bezahlen.

Selbstverständlich fallen Vermittlungskosten erst im Falle einer Anmietung für Sie an. Bis dahin ist der Service der Vermittler für Sie grundsätzlich kostenlos. Nach der Vermittlung eines Mietobjektes und nach erfolgreicher Verhandlung und Formulierung eines rechtsgültigen *spanischen Mietvertrages* wird Ihnen die Vermittlungsprovision zuzüglich spanischer Mehrwertsteuer berechnet.

Es gibt auf Mallorca Vermittlungsprovisionen, die sich zwischen einer und zwei Monatsmieten bewegen. Und es gibt natürlich auch den Nulltarif bei privaten Vermietern, der allerdings sehr anstrengend sein kann. Oft versteckt sich hinter einer privaten Anzeige ein Vermittler, der Ihre Unwissenheit ausnutzt. Um diese Tagedieben sollten Sie einen großen Bogen machen, weil diese Trittbrettfahrer ihre Kunden regelmässig schamlos über den Tisch ziehen. Wenn ein selbsternannter Vermittler Ihnen nur seine Handy-Nummer als Büroanschrift nennt, und der Nachname mit dem Vornamen identisch ist, dann sollte Ihr natürlicher Selbstschutzmechanismus den Rückzug aus diesem Geschäft sofort einleiten. Wenn Sie das Spielchen aber unbedingt spielen möchten, sollten Sie zumindest nichts unterschreiben, denn dann können Sie im Zweifelsfall die Spielregeln bestimmen.
Eine Monatsmiete Vermittlungsprovision verlangen beispielsweise spanische Makler in Palma, die aber selten Ihre Sprache sprechen und sich fast immer auf den Immobilienverkauf und nicht auf *Vermietung von Wohnraum* spezialisiert haben. Das Mietangebot ist bei diesen Maklern meist klein und wird mit der linken Hand bearbeitet. Wenn Sie selber Spanisch sprechen, sollten Sie diesen Weg versuchen. Neuerdings verlangen auch namhafte Firmen zunächst nur eine Monatsmiete Provision, allerdings wird der Mieter danach bei Vertragsunterschrift so richtig abgezockt, indem jede Dienstleistung extra berechnet wird, wie beispielsweise 500 € für die Vertragserstellung und 750 € für die *deutsche Übersetzung* und so weiter. Fragen Sie vorher Ihren *Vermittlungsagenten*, ob er versteckte Vermittlungsprovisionen kassieren will.

1,5 Monatsmieten verlangen professionelle *Vermietungsagenten*, die sich hauptsächlich mit der Vermietung von *Langzeitmietobjekten* beschäftigen und den Markt am besten kennen. Hier werden Sie die gut ausgebildeten *professionellen Helfer* antreffen, die wissen wovon sie reden.
Zwei Monatsmieten Vermittlunsprovision finden Sie bei den ganz großen Immobilienmaklern der Branche, die sich Ihre Größe bezahlen lassen, aber das gleiche Angebot wie Ihre Konkurrenten mit 1,5 Monatsmieten haben.
Im Zweimonatsmieten-Segment tummeln sich aber auch größenwahnsinnige Vermittler und vor allem die selbst ernannten Küchentischmakler, die mit der Einstellung „wenn ich ein Objekt im Monat vermiete, kann ich schon selber meine Miete bezahlen" mit allen Tricks ihre Kundschaft oft erfolgreich bearbeiten. Diese Agenten können sehr rege sein, was das Füllen der eigenen Tasche anbelangt. Abgesehen davon, dass diese Spezies zur Selbstüberschätzung neigt, finden sich in diesem Dunstkreis auch Verbrecher, die die ganze Zunft in Verruf bringen.
Einige Vermittler aus dieser Ecke nutzen darüber hinaus die Unwissenheit Ihrer Kunden schamlos aus und verlangen 1,5 Monatsmieten Provision bei Mietverträgen mit einer *Mietdauer* bis zu einem Jahr und zwei Monatsmieten bei Mietverträgen die länger als ein Jahr laufen. Um diese Agenten sollten Sie einen großen Bogen machen, denn eine derartige Auslegung des *spanischen Mietrechts* ist pure Bauernfängerei. *Mietverträge* werden nämlich in Spanien mit einer gesetzlich festgelegten *Mietdauer* von einem Jahr abgeschlossen, und nach Ablauf eines Jahres verlängert sich der *Mietvertrag* automatisch und bindend um ein weiteres Jahr bis zu insgesamt fünf Jahren, es sei denn der Mieter kündigt jeweils einen Monat vor Ablauf eines Jahres den *Mietvertrag.* Es ist schlichtweg Betrug, wenn ein Makler Ihnen einen sinnlosen Fünfjahresmietvertrag unterjubeln will, nur um eine überhöhte Vermittlungsprovision zu kassieren, denn die gesetzli-

chen fünf Jahre stehen Ihnen grundsätzlich als Mieter in Spanien immer zu.
Bei Vermittlungsprovisionen über zwei Monatsmieten hinaus wird es aus unserer Sicht bereits kriminell, denn hier will man Sie skrupellos über den Tisch ziehen. Es gibt absolut keinen Grund, in die Falle dieser Hochstapler zu laufen, es sei denn, Sie wollen der ganzen Welt beweisen, dass Sie zu viel Geld haben.

Arbeiten Sie von Anfang an bei Ihren Mietplänen auf Mallorca mit den richtigen Partnern zusammen und lassen Sie sich nicht von Leuten beraten, die ihr Geschäft nicht verstehen. Die einzige Garantie, um im Vorfeld herauszufinden, ob Ihr Gesprächspartner seriös ist und weiß, wovon er redet, ist ein persönliches Gespräch. Rufen Sie den Vermittler Ihrer Wahl unbedingt vorher an und klären Sie vor allem die Leistungen und die Höhe der Vermittlungsprovision und fragen Sie nach versteckten Provisionen. Wenn Sie nicht sicher sind, lassen Sie sich die Höhe der endgültigen Vermittlungsprovision schriftlich geben.

Es gibt nicht Billiges auf dieser Welt, es gibt nur schlechtere Qualität. Diese Wahrheit ist für Produkte und für Dienstleistungen gleichermaßen richtig. Grundsätzlich gilt, dass es fast keine Leistung gibt, die man nicht ein wenig schlechter machen und billiger anbieten könnte. Wer nur auf den Preis achtet, wird zu Recht Beute solcher Geschäftspraktiken. Es ist unklug, zu viel zu zahlen, aber es ist auch unklug, zu wenig zu zahlen (*siehe Verhandlungsspielraum bei Mietobjekten)*. Zahlt man zu viel, verliert man etwas Geld, mehr nicht. Zahlt man zu wenig, verliert man manchmal alles, weil die Leistung nicht ihren Zweck erfüllt. Hüten Sie sich vor Agenten die extrem wenig oder extrem viel für Ihre Vermittlungstätigkeit verlangen! Sie werden während der Verhandlung mit Vermietern und hinterher Ihr blaues Wunder erleben. Wir wollen die Geschäftspraktiken dieser Leute hier nicht weiter darstellen, nur so viel sei gesagt: Die Marktgesetze verbieten es, dass man für wenig Geld viel Leistung erhält - das ist unmöglich. Mietet man bei der billigsten Mietagentur, muss man für den späteren Ärger mit einem Vermieter, dessen Sprache man möglicherweise nicht versteht, viel Geld zurücklegen. Wenn man das tut, hat man auch genug Geld, um eine bessere Leistung im Vorfeld in Anspruch zu nehmen. Und noch eine wichtige Frage sollten Sie sich stellen: Wer arbeitet hier eigentlich für wen? Ein *Vermittlungsagent* sollte für Sie, seinen Auftraggeber, arbeiten, das heißt auch, er sollte für Sie das beste aus der Verhandlung mit dem Vermieter herausholen. Wenn ein Makler Ihnen beispielsweise 3.000 € bei der Jahresmiete spart, dann ist er es wert, wenn er ein angemessenes Honorar dafür bekommt.

Versteuerung von Mieteinnahmen

Die spanischen Steuerbehörden gehen davon aus, dass über 60 Prozent der Mieteinnahmen nicht versteuert werden, obwohl bei Vermietung und Verpachtung die allgemeine Regel gilt, dass nur die Differenz zwischen Einnahmen und sämtlichen notwendigen Ausgaben, inklusive Zinsen, zu versteuern ist. Die Eigentümer von über einer Million Mietobjekten kassieren ihre Mietforderungen schwarz. Dem spanischen Fiskus entgehen dadurch jährlich Steuereinnahmen in Milliardenhöhe. Diese Entwicklung ist nichts neues und schon immer dem Finanzamt bekannt gewesen. Als ausländischer Mieter sollten Sie diese Situation gelassen sehen, weil die Miete, die Sie zahlen müssen, regelmäßig aus Ihrem versteuertem Einkommen geleistet wird. Und Ihnen dürfte klar sein, dass jeder Euro, den ein Vermieter an den Fiskus abführt, die Höhe der Mietforderungen um den gleichen Euro belastet. Damit wir uns nicht falsch verstehen, wir wollen hier keine Beihilfe zur Steuerhinterziehung leisten, sondern lediglich Ihr Auge für die Zusammenhänge schärfen. Wenn Ihr zukünftiger Vermieter Ihnen vor Vertragsunterschrift mitteilt, dass er ab und zu die Miete bei Ihnen in bar abholen möchte, dann sollte Sie darüber nachdenken, ob Sie dem zustimmen können. Falls nicht, könnte es sein, dass Sie an diesem Tag keinen Mietvertrag unterschreiben werden.

Vertragslaufzeiten – *siehe Mietdauer und Kündigung des Mietverhältnisses*

Vertragsparteien – *siehe Mietparteien*

Vorauszahlung der Jahresmiete – *siehe Außergewöhnliche Mietobjekte, Mietvorauszahlung*

Vorkaufsrecht des Mieters – *siehe Mietkauf*

Warmmiete

Die Warmmiete entspricht im deutschen Sprachgebrauch dem gesamten Mietbetrag einschließlich der Nebenkosten, den der Mieter an den Vermieter zahlen muss. Dieser Begriff ist auf den *Balearen* unbekannt und findet demzufolge auch keine Anwendung.

Wasserkosten - *siehe Wasserversorgung*

Bei Villen mit aufwendiger Gartenbewässerung und einem Swimmingpool betragen die monatlichen Wasserkosten inklusive Abwasser durchschnittlich 150 €. Für ein Appartement mit zwei bis drei Bewohnern können Sie derzeit ungefähr mit 30 € Wasserkosten im Monat rechnen. Allerdings sollten Sie diese Beträge relativieren, denn das Wasser, das Ihnen per Leitung ins Haus ge-

liefert wird, ist fast nie einwandfreies Trinkwasser. In Supermärkten kann man einigermaßen akzeptables Trinkwasser in 5-Liter-Flaschen kaufen. Wer ganz sicher gehen möchte, schafft sich eine Osmoseanlage an und installiert Sie im Haus. Die Anschaffung lohnt sich, denn diese Anlagen erzeugen ein Wasser mit ausgezeichneter Trinkwasserqualität.
Bei einigen Landhäusern und Fincas, die über eigene Brunnen verfügen, entfallen die Wasserkosten. Appartements in älteren Wohnanlagen haben oft keine individuellen Wasserzähler. Der Wasserverbrauch wird hier meist nach den Quadratmetern der Wohnungen umgelegt. Diese Abrechnung erfolgt entweder am Ende eines Quartals oder einmal im Jahr und wird nach Bekanntgabe dem Mieter weiter berechnet.

Wasserversorgung – *siehe Wasserkosten*

Meistens sind die Appartements und Häuser auf Mallorca an das städtische Wassernetz angeschlossen. In ländlichen Gegenden und in einigen Wohnsiedlungen wie beispielsweise Porto Andratx wird die Wasserversorgung noch über Zisternen sichergestellt, die von Wasserwagen mit Brunnenwasser beliefert werden. Viele *Fincas* und ländliche Anwesen haben sogar eigene Tiefbrunnen.

Wohnfläche – *siehe Konstruktionsfläche*

Flächenangaben von Häusern und Wohnungen beziehen sich auf Mallorca fast immer auf die bebaute Fläche, die so genannte *Konstruktionsfläche* (superficie construida). Diese Flächenangabe entspricht nicht der Netto-Wohnfläche. Vielmehr werden auch die Mauern mit einbezogen und bei Wohnungen ist in der Flächenangabe auch ein Anteil an Gemeinschaftsflächen (Flur etc.) enthalten. Die Nettowohnfläche liegt durchschnittlich bis zu 15 Prozent

unter dem Wert der Konstruktionsfläche. Wenn man Ihnen auf Mallorca eine $100m^2$-Wohnung anbietet, werden Sie beim Nachmessen gelegentlich nur $85m^2$ feststellen. Der Unterschied hat seinen Grund darin, dass man auf Mallorca in der Regel die *Konstruktionsfläche*, manchmal die Wohnnutzfläche und fast nie die Netto-Wohnfläche anbietet. Nur deutsche Vermieter nennen uns gelegentlich die Netto-Wohnfläche.
Wir werden deshalb gelegentlich gefragt, wenn wir beispielsweise ein $300m^2$ großes Haus besichtigen, ob es sich um das gleiche Haus handelt, das wir angeboten haben. Schlimmstenfalls wird uns Bauernfängerei unterstellt. Da wir aber auch spanische Mieter betreuen, müssen wir uns nach den Gepflogenheiten des Landes richten.

Die einzige objektive Grundlage für einen Vertrag, den Sie und der Vermieter guten Gewissens unterschreiben können, ist deshalb eine Besichtigung vor Ort. Aufgrund der Besonderheiten des *spanischen Mietgesetzes* verzichten die meisten Vermieter auf einen Vertrag, wenn der zukünftige Mieter das Mietobjekt vorher noch nicht besichtigt hat, weil deutsche Mieter oft eine andere Vorstellung von der Soll-Qualität einer Liegenschaft haben, als sie hinterher vorfinden. Die spanischen Vermieter wissen von dieser Diskrepanz und hüten sich vor Zusicherungen in Verträgen, weil mit ihnen der Ärger programmiert ist. In Spanien wird gemietet wie gesehen und nicht gemietet was vor der Besichtigung mündlich zugesichert wurde, das heißt jedoch nicht, dass im Mietvertrag nichts zugesichert wird. Sie werden aber in Mietverträgen sehr selten Quadratmeterangaben finden. Auf das *"hinterher-Nachmess-Spielchen"* lässt sich kein Vermieter auf Mallorca ein.

Zahlungen bei Vertragsunterzeichnung

Bei Vertragsunterzeichnung ist die erste Monatsmiete, die *Kaution* in voller Höhe sowie die *Vermittlungsprovision* für den *Vermittlungsagenten* in bar zu zahlen. Bei möblierten Mietobjekten erhöht sich die *Kaution* meist auf zwei, manchmal auch auf drei Monatsmieten. Zunehmend verlangen vor allem spanische Vermieter die *Vorauszahlung einer halben oder ganzen Jahresmiete* oder eine *Bankgarantie* von ihrem zukünftigen Mieter, wenn dieser aus dem Ausland kommt. Wenn Sie bei der Vertragsunterzeichnung diese Gelder nicht in bar dabei haben, laufen Sie Gefahr, dass Sie den *Mietvertrag* nicht ausgehändigt bekommen. Vermieter akzeptieren grundsätzlich keine Schecks oder Kreditkarten. Sollten Sie vorab beispielsweise die *Kaution* an den Vermieter überwiesen haben, dann stellen Sie sicher, dass Sie einen von der Bank abgestempelten Überweisungsbeleg am Tag der Unterzeichnung vorlegen können. Eine Auslandsüberweisung braucht mindestens drei Tage, bis der Betrag auf dem Konto des Vermieters gebucht ist.

Zusammenfassung

Unsere Welt ist im Umbruch wie nie zuvor. Wir erleben täglich, wie sie sich physisch auflöst und geistig zerfällt mit der Folge, dass aus dem anfangs sozial gut gemeintem und gesundem Egoismus weltweit zunehmend wertlose Hab- und Raffgier entsteht. Diese Welt ohne Werte, Ehre und Mitgefühl hat auch Mallorca erreicht, und wir erleben gerade, wie sich das Paradies auf allen Ebenen gewaltsam anpasst.

Auch das spanische Mietgesetz, das ursprünglich, wie das deutsche Mietrecht, zum Schutze der sozial Schwächeren gedacht war, wird innerhalb dieser Veränderungen zunehmend zum Spielball der Gewinnmaximierer.

Wer auf Mallorca als ausländischer Mieter langfristig qualitativ hochwertigen Wohnraum anmieten möchte, wird regelmäßig mit übertriebenen Forderungen konfrontiert, deren Zustandekommen man im Vorfeld verstehen sollte. Man muss in diesem Zusammenhang Vermieter verstehen, die es nicht mehr mit Mietern zu tun haben, denen sie bedingungslos trauen können. Und vor allem muss man Eigentümer verstehen, die das, was sie besitzen, nicht jenen kampf- und kopflos überlassen, die es nicht wert sind und deshalb versuchen, jedem Ausländer ihr Stückchen Mallorca so teuer wie nur möglich zu vermieten.
Wer als Mieter von all dem nichts weiß, muss blauäugig alles glauben, was man ihm auftischt. Diese Weisheit gilt auf Mallorca insbesondere für Neuankömmlinge ohne Spanischkenntnisse. Wer auf dieser wunderbaren Sonneninsel als ausländischer Mieter leben und überleben möchte, sollte sich deshalb vorher kundig machen, damit er nicht alles glauben muss.
Mallorca is different - Mallorca ist anders. Das dies so ist, haben Sie spätestens nach der Lektüre dieses Buches begriffen. Das Eldorado Mallorca ist in vielerlei Hinsicht Wildwestkapitalismus pur. Unkundige Langzeitmieter ohne Mallorcaerfahrung sind hier am meisten gefährdet, weil sie oft erst mieten müssen, ohne vorher die Insel kennenzulernen. Hinzukommt, dass das *spanische Mietrecht* etwas völlig anderes ist, als das, was sie aus ihrer Heimat kennen. Wer hier als Mieter nicht unter die Räder kommen will, muss sich nicht unbedingt warm anziehen, er sollte aber auf jeden Fall einen Wissensvorsprung haben, bevor er dieses paradiesische Eiland betritt. Nach der Lektüre dieser Seiten sollten Sie immun und fit sein, zumindest was das Anmieten von Wohnraum betrifft.

Dieses Buch erhebt keinen Anspruch auf Vollständigkeit. Es gibt ganz im Gegenteil vorwiegend Erfahrungen wieder, die in der täglichen Auseinandersetzung mit dem Thema Mieten und Mietverhältnisse über Jahre hinweg gesammelt wurden und hier strukturiert dargeboten werden. Der leicht überschaubare Aufbau dieses Handbuches in der A-Z-Form entspricht diesem Zweck. In diesem Sinne ist es auch als Nachschlagewerk zu verstehen. Der hier angebotene Leitfaden soll dem Leser wichtige Erfahrungen zugänglich machen, damit er seinen Weg zum Ziel leichter, schneller und erfolgreicher beschreiten kann.

Gern können Sie uns auch Ihre persönlichen Erfahrungen mitteilen oder Beiträge zu diesem Buch beisteuern, damit wir in einer Folgeausgabe noch bessere Informationen für Mietinteressenten bereitstellen können. Nutzen Sie dazu bitte die Email-Adresse: **info@mallorca-mietkult.com**